Doce
Mujeres
Extraordinarias

John
MacArthur

Grupo Nelson
Una división de Thomas Nelson Publishers
Desde 1798

NASHVILLE   DALLAS   MÉXICO DF.   RÍO DE JANEIRO   BEIJING

Editorial Betania es una división de Grupo Nelson
©**2006 por Grupo Nelson**
Una división de Thomas Nelson, Inc.
Nashville, Tennessee, Estados Unidos de América
www.gruponelson.com

Titulo en inglés: *Twelve Extraordinary Women*
Copyright 2005 por John MacArthur
Publicado en Nashville, Tennessee, por Thomas Nelson, Inc.
Publicado en asociación con la agencia
literaria de Wolgemuth & Associates, Inc.
Todas las citas bíblicas son tomadas
de la Versión Reina Valera,(RV) revisión 1960.

ISBN: 0-88113-962-9
ISBN: 978-0-88113-962-4

Traducción: Berta Marín
Tipografía: www.MarysolRodriguez.org

Impreso en Estados Unidos de América

12ª Impresión, 7/2009

DEDICATORIA

*A todas las niñas pequeñas de mi vida, mis nietas,
quienes por la gracia de Dios, están en camino de convertirse
en mujeres extraordinarias:*

Kathryn

Olivia

Kylee

Jessica

Susannah

Gracie

Brooke

Elizabeth

Audrey

RECONOCIMIENTOS

Estoy agradecido y en deuda con Phil Johnson quien, una vez más, aplicó sus notables destrezas editoriales a mi material. En este libro ha hecho aún más, añadiendo su propia y rica perspicacia en aquellos capítulos donde mis ideas eran insuficientes o inadecuadas.

Y un reconocimiento muy especial para mi extraordinaria Patricia, que ha respaldado fielmente a este hombre común a través de cuarenta y dos años de matrimonio.

CONTENIDO

[1]*Ana, en el Antiguo Testamento, madre del profeta Samuel*
[2]*Ana, en el Nuevo Testamento, viuda que vivía en el Templo*

PREFACIO

Nunca preví que mi libro sobre los apóstoles (*Doce hombres comunes y corrientes*) sería tan bien recibido por los lectores. Estos parecieron apreciar y disfrutar el formato de estudio, aun cuando era una leve desviación de mi estilo expositivo normal. El método del libro y el arreglo parecía especialmente apropiado para estudios en grupos pequeños, y eso puede haber ayudado a crear un interés aun mayor. Quizás todavía más importante fue la relación personal y la práctica intensiva que permitían tales estudios. Contribuyó, creo, ver a los apóstoles tal como fueron: *hombres comunes y corrientes*. Eso es, a fin de cuentas, el punto central del libro. Eran hombres con los que cualquiera puede relacionarse. Muchos de nosotros podemos ver fácilmente rasgos de nuestro propio carácter en sus personalidades, sus defectos, sus luchas, sus caídas frecuentes y sus ansias de ser lo que Cristo deseaba que fueran. Nos da una gran esperanza ver, cuán maravillosamente Dios usó a personas como ellos.

Después que *Doce hombres comunes y corrientes* estuvo encabezando las listas de mayor venta por más de un año, mis amigos en Thomas Nelson me sugirieron una continuación. ¿Por qué no tratar, en un formato similar, la vida de doce de las principales mujeres de las Sagradas Escrituras? Todos los que escucharon esta idea se mostraron de inmediato muy entusiasmados. Así nació el volumen que usted tiene en sus manos.

Por cierto, no había problema en la decisión con los personajes característicos del primer libro. Jesús escogió a sus doce discípulos, y todo lo que yo tenía que hacer era investigar sus vidas y escribir sobre ellos. Este nuevo libro, no obstante, sería diferente.

Confrontado con una pléyade de mujeres extraordinarias de la Biblia, hice una larga lista de posibilidades. La tarea de reducir la selección a solo doce no era fácil. Sopesé sus respectivas importancias en el acontecer bíblico y escogí a aquellas que eran irremplazables en la historia de la redención.

Espero que usted esté de acuerdo en que mi lista final incluye una buena variedad de los diferentes tipos de personalidades y una selección interesante de mujeres realmente extraordinarias.

Es mi deseo que, al igual que en el primer libro, los lectores vean aspectos propios en estos estudios, y sean fortalecidos al recordar que nuestras luchas y tentaciones son del mismo tipo de pruebas que han debido enfrentar los creyentes de todos los tiempos. De esta forma se nos recuerda que aún en medio de la prueba, Dios permanece eternamente fiel (1 Corintios 10.13).

El Dios de Abraham, Isaac y Jacob es también el Dios de Sara, Rebeca y Raquel. Es también el Dios de cada creyente en nuestra generación: hombres y mujeres parecidos. Nosotros, como todos ellos, tenemos nuestros defectos. Pero somos su pueblo y ovejas de su prado (Salmo 100.3), y su fidelidad alcanza hasta las nubes (Salmo 36.5).

Algunas personas ya me han preguntado por el significado del sutil cambio en el título. Si los discípulos eran «comunes y corrientes», ¿cómo estas doce mujeres son «extraordinarias»?

La respuesta, por supuesto, es que mientras los discípulos eran comunes y corrientes en un sentido, también fueron extraordinarios en otro. Tan lejos como concierne a sus talentos innatos y a sus trasfondos humanos, ellos son genuina y deliberadamente comunes.

...sino que lo necio del mundo escogió Dios, para avergonzar a los sabios; y lo débil del mundo escogió Dios, para avergonzar a lo fuerte; y lo vil del mundo y lo menospreciado escogió Dios y lo que no es, para deshacer lo que es, a fin de que nadie se jacte en su presencia (1 Corintios 1.27-29).

Fue solo el trabajo de Dios en las vidas de los discípulos lo que les dio tan notable poder e influencia para que llegaran a ser personas especiales y pudieran hacer obras realmente extraordinarias (Hechos 17.6).

Lo mismo ocurre con las mujeres protagonistas de este libro. La mayoría fueron comunes y corrientes. Eran mujeres simples, sencillas y en algunos casos de extracto social escandalosamente bajo, tal como ocurría con los discípulos. Tomemos, por ejemplo, a la mujer samaritana del capítulo 4 de Juan. No sabemos su nombre. Del mismo modo, Ana fue una oscura viuda de edad muy avanzada que aparece solo con una breve mención en la introducción de Lucas (2.36-38). Rahab era una ramera. Aun María, la madre de Cristo, fue una joven sin distinción especial, que vivía en una insignificante aldea improductiva de Galilea. En cada ejemplo, lo que las hizo extraordinarias fue un memorable cambio de vida como producto de un encuentro con el Dios del universo.

La única legítima excepción es Eva, que empezó su vida como alguien muy especial en todos los sentidos. Fue creada por Dios para ser el puro e inmaculado modelo de perfección de la condición de mujer. Pero lo arruinó pronto pecando. A pesar de esto, también ella llegó a ser la representación viva de la verdad de que Dios puede recuperar y redimir a aquellos que caen y convertirlos en verdaderos trofeos de su gracia, a pesar de sus caídas. A decir verdad, estoy convencido que por medio de la gracia redentora de Dios, Eva irá a través de toda la eternidad en forma más gloriosa que lo que era en su inocencia terrenal original.

En otras palabras, todas estas mujeres llegaron a ser extraordinarias en última instancia, no debido a algunas cualidades naturales de ellas mismas, sino solamente porque el único Dios verdadero a quien veneraron, que es grande, poderoso, glorioso e impresionante, las refinó de la misma manera que a la plata; las redimió por medio de la obra de un extraordinario Salvador —su propio y divino Hijo— conformándolas a su imagen (Romanos 8.29). El trabajo perfecto de Dios en sus vidas las hizo mujeres realmente extraordinarias.

Por lo tanto, ellas se alzan para recordarnos tanto nuestras debilidades como nuestro potencial. Hablando como un todo, nos apuntan a Cristo. En cada caso, Él era aquel a quien ellas buscaban para alcanzar salvación. Vemos, por ejemplo, cómo Eva, Sara, Rahab y Rut estaban en la línea de la ascendencia que produciría el Prometido que aplastaría la cabeza de la serpiente. Ana anhelaba a tal Salvador y se regocijó con la promesa de salvación. En efecto, las palabras de alabanza de Ana respecto del Salvador (1 Samuel 2.1-10) son ecos del Magnificat de María. Esa fue, por supuesto, la explosión de alabanza cuando María comprendió que, por dar vida al Salvador, sería la bienaventurada de Dios por sobre todas las demás mujeres.

Ana, que había esperado al Salvador toda su vida, fue bendita en su vejez al ser una de las primeras personas en reconocerlo en su infancia (Lucas 2.36-38). Todas las demás mujeres protagonistas en este libro figuran entre los primeros discípulos. Cada una de ellas nos testifica de Cristo.

Mi oración por usted es que una vez que haya leído este libro pueda compartir esa fe, imitar su fidelidad y aprender a amar al Salvador cuyo trabajo las hizo verdaderamente extraordinarias. Su vida puede también ser extraordinaria en virtud de su gracia maravillosa.

INTRODUCCIÓN

U na de las características singulares de la Biblia es la forma
en que exalta a las mujeres. Trátese de mujeres degradadas o denigradas, la Escritura a menudo parece salirse
del camino para homenajearlas, ennoblecer su papel en la sociedad
y en la familia, reconocer la importancia de su influencia y destacar
las virtudes de mujeres que fueron ejemplos particularmente
piadosos.

Desde el mismo primer capítulo de la Biblia se nos enseña que
las mujeres, como los hombres, llevan el sello de la imagen de
Dios (Génesis 1.27; 5.1-2). Las mujeres juegan papeles prominentes que regulan el tono de los relatos bíblicos. Los esposos
ven a sus esposas como compañeras veneradas y cálida ayuda. No
meramente esclavas o piezas de mobiliario doméstico (Génesis
2.20-24; Proverbios 19.14; Eclesiastés 9.9). En el Sinaí, Dios
mandó a los hijos honrar a su padre y a su madre (Éxodo 20.12).
Ese fue un concepto revolucionario en una era en que las culturas
paganas estaban dominadas por hombres que gobernaban a sus
familias con puño de hierro, mientras las mujeres eran miradas
como criaturas menores, como simples servidoras de los hombres.

Por supuesto, la Biblia reconoce las diferentes funciones
ordenadas para hombres y mujeres, muchas de las cuales son

perfectamente evidentes desde las circunstancias mismas de la creación. Por ejemplo, las mujeres tienen un único y esencial papel en la maternidad y en los pequeños actos de servicio. También tienen una necesidad especial de soporte y protección, porque físicamente, son «vasos frágiles» (1 Pedro 3.7). La Escritura establece el correcto orden en la familia y en la iglesia, asignando los deberes de jefatura y protección en la casa a los maridos (Efesios 5.23) y señala a los varones en la iglesia como aptos para enseñar y ejercer funciones de liderazgo (1 Timoteo 2.11-15).

En ningún caso esto significa que a las mujeres se las margina o relega a un segundo plano (Gálatas 3.28). Por el contrario, las Escrituras parecen apartarlas para un honor especial (1 Pedro 3.7). A los maridos se les ordena amar a sus esposas con un amor sacrificial, como Cristo ama a la iglesia, aún si fuera necesario, a costa de sus propias vidas (Efesios 5.25-31). La Biblia reconoce y celebra el valor incalculable de una mujer virtuosa (Proverbios 12.4; 31.10; 1 Corintios 11.7). En otras palabras, de principio a fin, la Biblia describe a la mujer como un ser extraordinario.

El relato bíblico de los patriarcas siempre da cuenta de la debida distinción que éstos dan a sus esposas. Las grandes siluetas de Sara, Rebeca y Raquel están en el relato del Génesis en el trato de Dios con sus maridos. Miriam, hermana de Moisés y Aarón, era tanto una profetisa como una compositora y en Miqueas 6.4, Dios mismo la honra como uno de los jefes de la nación al lado de sus hermanos durante el éxodo. Débora, también una profetisa, fue jueza en Israel antes de la monarquía (Jueces 4.4). Las historias bíblicas de la vida de familia a menudo ponen a las esposas en el lugar de consejeras sabias de sus maridos (Jueces 13.23; 2 Reyes 4.8-10). Cuando Salomón llegó a ser rey, rindió público homenaje a su madre, poniéndose de pie cuando entró en su presencia e inclinándose y haciéndole una reverencia antes de sentarse en su trono

(1 Reyes 2.19). Sara y Rahab son expresamente nombradas entre los héroes de la fe en Hebreos 11. También se insinúa como tal a la madre de Moisés (Jocabed) (v. 23). En Proverbios, la sabiduría es personificada como una mujer. La iglesia del Nuevo Testamento es una mujer, la novia de Cristo.

Las mujeres nunca fueron relegadas en la vida social y religiosa de Israel ni en la iglesia del Nuevo Testamento. Compartían con los varones en todos los banquetes y en el culto público (Deuteronomio 16.14; Nehemías 8.2-3).

No se les exigía cubrirse con un velo o permanecer silenciosas en los espacios públicos como ocurre incluso hoy en algunas culturas de Oriente Medio (Génesis 12.14; 24.16; 1 Samuel 1.12). Las madres (no solo los padres) compartían la responsabilidad de la enseñanza y autoridad sobre los hijos (Proverbios 1.8; 6.20). Las mujeres en Israel incluso podían ser propietarias de tierras (Números 27.8; Proverbios 31.16). De hecho, las esposas esperaban administrar muchos de los negocios de sus propias familias (Proverbios 14.1; 1 Timoteo 5.9-10, 14).

Todo esto se alza en contraste con otras culturas antiguas, que tradicionalmente degradaron y desplazaron a la mujer que, en las sociedades paganas durante los tiempos bíblicos, eran a menudo tratadas con apenas un poco más de dignidad que los animales.

Algunos de los más conocidos filósofos griegos, —considerados las mentes más brillantes de su era— enseñaban que las mujeres eran criaturas inferiores por naturaleza. Incluso en el Imperio Romano (quizás el verdadero pináculo de la civilización pre cristiana) las mujeres eran por lo general vistas como un simple bien mueble, una posesión personal de sus padres o maridos con apenas mayor consideración que los esclavos de la familia. Esto, una vez más, era muy diferente del concepto hebreo (y bíblico) del matrimonio como una herencia conjunta, y la paternidad como una sociedad donde tanto el padre como la madre deben ser reverenciados y obedecidos por los hijos (Levítico 19.3).

Las religiones paganas cuidaban de, aún más, alimentar y apoyar la degradación de la mujer. Por supuesto, las mitologías griega y romana tenían diosas (tales como Diana y Afrodita). Pero no se crea que este culto de adoración dignificó a las mujeres en la sociedad. Al contrario. La mayoría de los templos dedicados a estas deidades eran servidos por prostitutas sagradas, sacerdotisas que se vendían por dinero, en la falsa creencia de que estaban llevando a cabo un sacramento religioso. Ambas, la mitología y la práctica de las religiones paganas, han sido abiertamente degradantes para la mujer. Los dioses paganos masculinos eran caprichosos y a veces crueles misóginos. Las ceremonias religiosas a menudo eran descaradamente obscenas, incluyendo ritos eróticos de la fertilidad, orgías alcohólicas en los templos, prácticas de perversiones homosexuales y, en los casos extremos, hasta sacrificios humanos.

El cristianismo, nacido en un mundo donde se cruzan las culturas romana y hebrea, levantó la consideración a la mujer a un nivel sin precedentes. Los discípulos de Jesús incluían a algunas (Lucas 8.1-3), práctica inédita entre los rabinos de su tiempo. No solamente eso, sino que Jesús apoyó a sus discípulos a que consideraran esto como más necesario que el servicio doméstico (Lucas 10.38-42). Por cierto, Cristo revela su propia identidad como el verdadero Mesías primero a una mujer samaritana (Juan 4.25-26). Él siempre trató a las mujeres con la mayor dignidad, incluso a aquellas que podían ser vistas como parias (Mateo 9.20-22; Lucas 7.37-50; Juan 4.7-27). Bendijo a sus hijos (Lucas 18.15-16), levantó a sus muertos (Lucas 7.12-15); perdonó sus pecados (Lucas 7.44-48), y restituyó su virtud y honor (Juan 8.4-11). De esta manera exaltó la condición de la mujer.

No sorprende, por lo mismo, que las mujeres desempeñaran papeles prominentes en el ministerio en la iglesia primitiva (Hechos 12.12-15; 1 Corintios 11.11-15). En el día de Pentecostés, cuando nace la iglesia del Nuevo Testamento, las mujeres estaban ahí orando con los discípulos principales (Hechos 1.12-14). Algunas son renombradas por sus buenas acciones (Hechos 9.36); otras por su hospitalidad (Hechos 12. 12; 16.14-15); y aún otras por el conocimiento de la doctrina pura y sus dones espirituales (Hechos 18.26; 21.8-9). La Segunda Epístola de Juan fue dirigida a una mujer ilustre en una de las iglesias bajo su cuidado. Incluso el apóstol Pablo, a veces falsamente caricaturizado como machista por los críticos de la Escritura, ministró con regularidad al lado de mujeres (Filipenses 4.3), reconociendo y aplaudiendo la fidelidad y los dones femeninos (Romanos 16.1-6; 2 Timoteo 1.5).

Naturalmente, cuando el cristianismo empezó a influir en la sociedad occidental, la condición de la mujer mejoró notablemente. Uno de la padres de la iglesia primitiva, Tertuliano, escribió hacia fines del siglo segundo una obra titulada «Sobre la indumentaria de las mujeres». Dijo que las mujeres paganas, que usaban ornamentos complicados en sus cabezas, lucían vestidos presuntuosos y cubrían sus cuerpos con adornos, habían sido forzadas por la sociedad y por la moda a abandonar el esplendor de la verdadera feminidad. Destacaba esto, por la vía del contraste, como el crecimiento de la iglesia y el fruto del Espíritu. Uno de los resultados visibles era la tendencia hacia la modestia en el vestido de las mujeres y la mejor consideración como tales. Reconoció que los hombres paganos comúnmente se quejaban diciendo: «Desde que ella se hizo cristiana, ¡se viste tan pobremente!»[1] Las mujeres cristianas incluso llegaron a ser conocidas como «sacerdotisas de la modestia».[2] Pero Tertuliano dijo que las mujeres creyentes que viven bajo el señorío de Cristo son espiritualmente más ricas, más puras y más gloriosas que las mujeres extravagantes de la sociedad pagana. Vestidas «con la seda de la rectitud, el lino fino de la santidad, el color púrpura de la modestia»[3], ellas elevaron la virtud femenina a una altura sin precedentes.

Hasta los paganos reconocieron eso. Crisóstomo, quizás el más elocuente pastor del siglo IV, recordó que uno de sus maestros, un filósofo pagano de nombre Libanius, una vez dijo: «¡Cielos! ¡Qué mujeres tienen ustedes los cristianos!»[4] Lo que motivó la exclamación de Libanius fue saber que la madre de Crisóstomo había permanecido casta durante más de dos décadas desde su viudez, a los veinte años. A medida que la influencia del cristianismo se hacía sentir, más y más mujeres eran menos despreciadas, menos maltratadas y menos tratadas como objetos de diversión por los hombres. En lugar de esto, empezaron a ser honradas por su virtud y su fe.

En efecto, las mujeres convertidas que salían de la sociedad pagana eran automáticamente liberadas de una serie de prácticas degradantes. Emancipadas del libertinaje público en templos y teatros (allí a las mujeres se las deshonraba e infravaloraba en forma sistemática), ascendieron a la prominencia en sus hogares y en la iglesia donde fueron honradas y admiradas por sus virtudes femeninas, como la hospitalidad, el servicio a los enfermos, el cuidado y la crianza de sus propias familias y el trabajo amoroso de sus manos (Hechos 9.39).

Después que el emperador romano Constantino se convirtiera en el año 312 A.D., el Cristianismo alcanzó un estado legal que Roma garantizó y muy pronto llegó a ser la religión dominante en todo el imperio. Uno de los primeros resultados mensurables de este cambio fue una nueva situación jurídica para las mujeres. Roma aprobó leyes que reconocían el derecho de propiedad femenino. La legislación que regulaba el matrimonio fue revisada con el propósito de que fuese visto como una sociedad legal en lugar de un virtual estado de esclavitud para la esposa. En la era pre-cristiana, los hombres romanos podían divorciarse por prácticamente cualquier causa, o aún sin motivo. Las nuevas leyes hicieron el divorcio más difícil mientras daban a las mujeres derechos legales en contra de los maridos que eran culpables de infidelidad. Los esposos aventureros, aceptados por la sociedad romana, ya no podían pecar contra sus esposas impunemente.

Esta ha sido siempre la tendencia. Dondequiera que se difunde el Evangelio, la condición social, legal y espiritual de la mujer se eleva. Cuando el Evangelio se ha eclipsado (sea por represión, por la influencia de religiones falsas, del secularismo, de filosofías humanistas o por la decadencia espiritual en la iglesia), la situación de la mujer ha declinado en consecuencia.

Incluso cuando los movimientos seculares han aparecido afirmando estar interesados en los derechos de la mujer, sus esfuerzos por lo general han sido perjudiciales. El movimiento feminista de nuestra generación es un buen ejemplo. El feminismo ha devaluado y difamado la feminidad. Las diferencias de sexo son generalmente subestimadas, descartadas, despreciadas o negadas. Como resultado, las mujeres están siendo enviadas a situación de combate, sometidas a trabajos físicos extenuantes antes solo reservados a los varones, expuestas a todo tipo de humillaciones en los lugares de trabajo y estimuladas, además, a actuar y a hablar como hombres. Mientras tanto, los feministas modernos acentúan la crítica sobre las mujeres que quieren que la familia y su cuidado sean sus prioridades menospreciando el rol de la maternidad, la única tarea por excelencia exclusivamente femenina. El mensaje final del igualitarismo feminista es que no hay verdaderamente nada extraordinario respecto de la mujer.

Pero ese no es indudablemente el mensaje de la Escritura. Como hemos visto, la Palabra de Dios honra a las mujeres por ser mujeres, y las anima a buscar el honor en una manera exclusivamente femenina (Proverbios 31.10-30).

La Escritura no descarta el intelecto del sexo femenino, no subestima los talentos y habilidades de las mujeres ni deja de fomentar el uso correcto de los dones espirituales. Pero siempre que la Biblia habla expresamente de los rasgos de excelencia de una mujer, el acento está invariablemente sobre la virtud femenina. Las mujeres más significativas en la Escritura no fueron influyentes debido a sus profesiones, sino a su carácter. El mensaje que nos dan colectivamente no se refiere a la «igualdad de sexo», sino a la verdadera excelencia femenina. Y esto siempre se ejemplifica con las cualidades morales y espirituales más bien que por el prestigio, la riqueza, o la apariencia física.

De acuerdo con el apóstol Pedro, por ejemplo, la belleza femenina verdadera no se refiere a los adornos externos, «peinados ostentosos, adornos de oro o vestidos lujosos» sino que la real belleza, por el contrario, se ve internamente, en el corazón, «en el incorruptible ornato de un espíritu afable y apacible, el cual es de grande estima a los ojos de Dios» (1 Pedro 3.3). Pedro también dice que la santidad y las buenas obras son la esencia misma de la belleza femenina; no adornos artificiales que se aplican desde el exterior (1 Timoteo 2.9-10). Esa verdad es ejemplificada, en una forma u otra, por cada mujer protagonista de este libro. Su fidelidad es su legado verdadero e imperecedero. Espero que su encuentro con ellas en las Escrituras le permita conocer más sobre sus vidas y personalidades, además de desafiarlo, motivarlo, apoyarlo e inspirarlo para conocer mejor al Dios en quien ellas confiaron y a quien sirvieron. Su corazón puede ser encendido con la misma fe; su vida caracterizada por una fidelidad similar; y su alma sobrecogida con el amor del Dios extraordinario al que adoraron.

1

EVA: MADRE DE TODOS LOS VIVIENTES

...Y llamó Adán el nombre de su mujer, Eva, por cuanto ella era madre de todos los vivientes.

Génesis 3.20

E va debe haber sido una criatura de belleza insuperable. Fue la corona y el pináculo del asombroso trabajo creativo de Dios. La primera figura femenina de la raza de Adán fue el último ser viviente en ser llamado a la existencia, diseñado directamente por la propia mano del Creador, con atención y cuidado especial en cada detalle.

Recuerde que Eva no fue hecha del polvo como Adán, sino cuidadosamente diseñada a partir de carne y huesos vivos. Adán era polvo refinado; Eva era un refinamiento glorioso de la humanidad misma. Era un regalo especial para Adán. La compañera necesaria que hizo que finalmente su existencia estuviera completa y cuya presencia señalaba la conclusión de toda la creación.

Eva, el *único* ser directamente creado por Dios del tejido vivo de otra criatura, fue en verdad un prodigio maravilloso. Dios había compuesto de la nada un universo vasto y sublime. Luego hizo a Adán de un puñado de polvo. Pero nada en toda la expansión del

1

universo fue más hermoso que esta mujer hecha de una parte de Adán. Si el hombre representa a la especie suprema (una raza de criaturas hechas a imagen de Dios), Eva fue la encarnación viviente de la gloria de la humanidad (1 Corintios 11.7). Dios había dejado lo mejor para el final. Nada más adecuado para ser el cenit de toda la creación.

En su estado original, incontaminada por ningún mal, libre de cualquier enfermedad o defecto, preservada de toda imperfección, Eva era el arquetipo perfecto de la excelencia femenina. Era magnífica en todo sentido. Puesto que no había existido ninguna otra mujer en un mundo no caído y libre de maldición, ninguna otra mujer podría superar la gracia, el encanto, las virtudes, el ingenio, la inteligencia y la inocencia pura de Eva. Físicamente también, ella debe haber personificado todo lo mejor tanto de la fuerza como de la belleza. Sin duda era un cuadro vivo del más puro resplandor.

La Escritura, sin embargo, no nos da una descripción física de Eva. Su belleza —espléndida como debe haber sido— ni se la menciona ni se la alude. El enfoque del relato bíblico está sobre el deber de Eva para con su Creador y su función al lado de su marido. Ese es un hecho importante que nos recuerda que los principales rasgos distintivos de la verdadera excelencia femenina no son superficiales. Las mujeres que están obsesionadas con la imagen, los cosméticos, las formas del cuerpo y otros temas externos, tienen una opinión distorsionada de la feminidad. La cultura occidental como un todo (incluyendo un segmento grande de la iglesia visible), parece desesperadamente confusa respecto de estos asuntos. Necesitamos regresar a la Escritura para ver lo que para Dios es el ideal de mujer. Y la descripción bíblica de Eva es un recordatorio excelente de cuáles deberían ser sus verdaderas prioridades.

Como «madre de todos los vivientes», Eva es obviamente un personaje muy importante en la historia de la caída y redención de la humanidad. Sin embargo, su *nombre* se cita solo cuatro veces en toda la Escritura: dos veces en el Antiguo Testamento (Génesis 3.20; 4.1) y dos veces en el Nuevo Testamento (2 Corintios 11.3; 1 Timoteo 2.13). No solamente no tenemos ninguna descripción física de ella sino que tampoco tenemos otros detalles como cuántos hijos tuvo, cuántos años vivió y dónde y cómo murió (Génesis 5.3-5). La manera en que la Biblia nos cuenta su historia, casi de un modo abreviado, nos ayuda a concentrarnos en los aspectos que tienen mayor trascendencia en su vida.

Aunque la Escritura guarda silencio respecto de muchas cosas que nos gustaría saber sobre ella, nos da un relato detallado sobre su creación, su tentación y su caída, la maldición que recibió y la consiguiente esperanza a la que se aferró. Naturalmente, aquí es donde enfocaremos nuestro estudio sobre esta mujer realmente extraordinaria.

SU CREACIÓN

La descripción bíblica de la creación asombrosa de Eva la encontramos en Génesis 2.20-25:

...Y puso Adán nombre a toda bestia y ave de los cielos y a todo ganado del campo; mas para Adán no se halló ayuda idónea para él. Entonces Jehová Dios hizo caer sueño profundo sobre Adán, y mientras éste dormía, tomó una de sus costillas, y cerró la carne en su lugar. Y de la costilla que Jehová Dios tomó del hombre, hizo una mujer, y la trajo al hombre. Dijo entonces Adán: Esto es ahora hueso de mis huesos y carne de mi carne; ésta será llamada Varona, porque

3

del varón fue tomada. Por tanto, dejará el hombre a su padre y a su madre, y se unirá a su mujer, y serán una sola carne. Y estaban ambos desnudos, Adán y su mujer, y no se avergonzaban.

En otras palabras, Dios llevó a cabo un procedimiento quirúrgico sobre Adán. La Escritura describe la operación con detalles sorprendentes. Adán fue anestesiado, no por medios artificiales, sino que simplemente Dios lo hizo caer en un sueño profundo. En tal estado (especialmente en un mundo que todavía era un paraíso perfecto), sin duda que Adán no sintió dolor. Pero aún más significativa es la tranquilidad pura y confiada del sueño de Adán, que hace una ilustración perfecta de cómo se manifiesta *siempre* la gracia de Dios. La gracia nunca se instala por medio de un esfuerzo, actividad o decisión de nuestra parte, sino que fluye libremente de la soberana voluntad de Dios.

No existe ninguna indicación de que Adán le haya pedido a Dios una esposa. Adán tampoco tenía condiciones personales que constituyeran méritos para recibir la generosidad de Dios. Fue iniciativa de Dios quien sin otra ayuda que sus manos hizo esto posible como una expresión de gracia y benevolencia para con Adán. Éste contribuyó solo aportando una costilla, pero incluso eso lo hizo mientras dormía. El trabajo fue totalmente de Dios.

A Adán Dios le abrió el costado, le retiró cuidadosamente una costilla y le cerró la incisión. Con tal cirujano infinitamente experimentado, y en un paraíso donde aun no había entrado el pecado, el riesgo de infección era de cero, no había que temer molestias posoperatorias y se contaba con la total seguridad de que no quedaría siquiera cicatriz.

Dios tomó un hueso repetido que Adán nunca extrañaría e hizo para él lo único de lo que carecía: un alma gemela. Adán perdió una costilla, pero ganó una compañía amorosa, creada especialmente para él por el Dador de «toda buena dádiva y todo don perfecto» (Santiago 1.17). La expresión hebrea que describe cómo Dios «hizo [de la costilla] a la mujer» demuestra un diseño y una construcción cuidadosa. Literalmente, significa que Dios construyó una mujer. Cuidadosamente estructuró una nueva criatura con los atributos perfectos para que fuera la compañera ideal de Adán.

Especialmente creada por Dios para él de su propia carne y huesos, Eva encajaba con Adán en todos los sentidos. Es una ilustración maravillosa de la bondad de la gracia de Dios y de la perfecta sabiduría de su voluntad. Dios la creó mientras Adán dormía, sin ningún tipo de sugerencia. Sin embargo, ella llenaba cualquier necesidad que Adán pudiera tener, satisfacía cualquier ansia que pudiera sentir y deleitaba cualquiera facultad de sus sentidos. Respondía a su necesidad de compañía; era una fuente de placer y de alegría e hizo posible la procreación de la raza humana. Complementaba a Adán perfectamente, y expandía las fronteras de su existencia.

El Edén era ahora realmente un paraíso.

¡Cuando Adán despertó y se encontró con Eva, debe haberse sentido rebosante de alegría!

La amó en cuanto la vio. Sus primeras palabras al conocerla expresan un profundo sentido de asombro, de deleite genuino y de satisfacción: «Esto es ahora hueso de mis huesos y carne de mi carne». Evidentemente, sintió a Eva como un nexo profundo y personal. Un incalculable tesoro que requiere ser protegido, un colaborador digno para apoyarlo y una esposa complaciente que lo amaría a cambio. De inmediato, la quiso y la abrazó como parte de sí mismo.

Creo que el método singular de la creación de Eva se enfatiza deliberadamente con el fin de recordarnos algunas verdades cruciales sobre la condición de la mujer en general.

Primero, habla de la igualdad fundamental de Eva con Adán. La mujer fue «sacada del hombre». Compartían la misma naturaleza esencial. No fue un tipo diferente de criatura; era exactamente de la misma esencia que Adán. No era en ningún sentido un personaje inferior creado simplemente para servirlo, sino que era su homólogo espiritual, su equivalente intelectual y, en todo sentido, su compañera perfecta.

Segundo, la manera en que Eva fue creada, nos recuerda la unión que debe existir en cada relación matrimonial. Jesús se refiere a la creación de Eva en Mateo 19.4-6, para probar que el plan de Dios para el matrimonio, fue establecido desde los albores mismos de la historia de la humanidad; y está basado en los principios de la monogamia, lo solidario y lo inviolable. «¿No habéis leído que el que los hizo al principio, varón y hembra los hizo, y dijo: Por esto el hombre dejará padre y madre, y se unirá a su mujer, y los dos serán una sola carne? Así que no son ya más dos, sino una sola carne?; por tanto, lo que Dios juntó, no lo separe el hombre».

Así que el principio de «una sola carne» está perfectamente ilustrado en el método aplicado en la creación de Eva. En realidad, allí es donde ese principio encuentra su verdadero origen.

Tercero, las circunstancias de la creación de Eva ilustran: cuán profundamente significativo es el matrimonio entre un hombre y una mujer. No se trata solo de una unión física, sino además de una unión del corazón y del alma. Eva era el complemento para cada necesidad de Adán, diseñado por Dios para ser su ayuda idónea ideal. Y la intimidad de su relación con su marido deriva de haber sido sacada literalmente de su costado. En su comentario clásico sobre la Biblia, el escritor puritano Matthew Henry escribió estas conocidas palabras, que han sido adaptadas y repetidas en muchas ceremonias matrimoniales: «La mujer fue sacada de una costilla del costado de Adán; no fue sacada de su cabeza para gobernarlo ni de sus pies para ser pisoteada por él, sino de su costado para ser igual a él, bajo su brazo para ser protegida, y junto a su corazón para ser amada».

El simbolismo que Matthew Henry vio en la costilla de Adán concuerda bien con lo que la Escritura enseña acerca de la relación correcta entre el marido y la esposa. Nos recuerda, una vez más, cómo la Escritura exalta a la mujer.

Cuarto, la creación de Eva encierra algunas importantes lecciones bíblicas acerca del papel divino establecido para las mujeres. Aunque Eva fuera espiritual e intelectualmente par de Adán; aunque fueran ambos de una misma esencia, además de iguales frente Dios, y en un rango superior al de las demás criaturas, había, no obstante, una clara diferencia en el modelo. Y era que ambos correspondían al diseño creativo deliberado de Dios mismo. En las palabras del apóstol Pablo: «Porque el varón no procede de la mujer, sino la mujer del varón» (1 Corintios 11.8), vemos que Adán fue creado primero y entonces vino Eva a llenar un vacío en su existencia. Adán era la cabeza; Eva su ayuda. A Adán se lo diseñó para que fuera padre, proveedor, protector y líder; a Eva para ser madre, para confortar, para nutrir y para ayudar.

Que Dios haya ordenado, estas funciones diferentes para hombres y mujeres, se hace evidente por la naturaleza (1 Corintios 11.14). Los hombres y las mujeres no poseen la misma fuerza física. Son corporal y hormonalmente diferentes (en varias maneras bastante obvias). Una montaña de pruebas empíricas y clínicas indican que los hombres y las mujeres son también distintos en otros aspectos importantes incluyendo lo social, lo emocional y lo sicológico.

Reconocer que hay tales diferencias fundamentales entre los sexos, y que los hombres y las mujeres fueron diseñados para diferentes funciones, podría no coincidir con las sensibilidades feministas modernas: pero esto es, después de todo, lo que la propia Palabra de Dios dice. Dios los creó diferentes con un propósito, y su plan para ellos refleja estas diferencias. La Escritura es clara en la enseñanza de que las esposas, deben estar sujetas a la autoridad de sus maridos, (Efesios 5.22-24; Colosenses 3.18; 1 Pedro 3.1-6), y que las mujeres deben estar bajo la autoridad y la instrucción de los varones en la iglesia (1 Corintios 11.3-7; 14.34-35).

Primera Timoteo 2.11-15 es un pasaje clave sobre este asunto, porque ahí es donde el apóstol Pablo defiende el principio de liderazgo masculino en la iglesia. La primera razón que Pablo da para este argumento, proviene de la creación, no de la caída: «Adán fue formado primero y después Eva» (1 Timoteo 2.13). Así que el principio de la autoridad masculina fue diseñado en la creación. No fue (como algunos han sugerido) una consecuencia del pecado de Adán y, por lo tanto, algo que puede ser mirado como fruto del mal. Y cuando la Escritura asigna a los hombres el papel de liderazgo en la iglesia y en el matrimonio, refleja la impronta de Dios como Creador.

Soy un convencido que si la gente hoy abrazara de manera sencilla el propósito de Dios y tratara de cumplir las funciones que Dios ha diseñado para nuestros respectivos géneros, tanto hombres como mujeres serían más felices, la iglesia más saludable y los matrimonios más sólidos.

Adán fue la cabeza representativa y el arquetipo para toda la raza humana. Pero recuerde, aunque a Eva le fue dado un papel subordinado, seguía siendo espiritual e intelectualmente igual a Adán. Era su «ayudante», no su supervisor ni su esclava. Llamándola «ayudante» de Adán, la escritura hace hincapié en la mutualidad y en la naturaleza complementaria de la sociedad conyugal.

Eva no era en modo alguno inferior a su marido pero le fue dado, no obstante, un papel que estaba subordinado a su liderazgo.

¿Subordinado, aunque igual? Sí. Las relaciones dentro de la Trinidad ilustran perfectamente cómo puede funcionar el liderazgo y la sumisión entre iguales absolutos. Cristo no es en ningún sentido inferior al Padre. «Porque en él habita corporalmente toda la plenitud de la Deidad» (Colosenses 2.9); ha existido eternamente «en la forma de Dios... [e] igual a Dios» (Filipenses 2.6); «Yo y el Padre uno somos» (Juan 10.30). El apóstol Juan deja esto tan claro como es posible: desde la eternidad, Jesús era *con* Dios y Él mismo *era* Dios (Juan 1.1-2). Tres personas divinas (Padre, Hijo y Espíritu Santo) constituyen el verdadero Dios de la Escritura. Los tres son completamente Dios y completamente iguales aun cuando el Hijo esté subordinado al Padre.

Jesús dijo: «No busco mi voluntad, sino la voluntad del que me envió, la del Padre» (Juan 5.30). «Porque yo hago siempre lo que le agrada» (Juan 8.29).

El apóstol Pablo dibujó un claro paralelo entre la sumisión voluntaria de Jesús a su Padre y la sumisión voluntaria de una esposa a su marido: «Pero quiero que sepáis que Cristo es la cabeza de todo varón, y el varón es la cabeza de la mujer, y Dios la cabeza de Cristo» (1 Corintios 11.3). Así que, si usted se pregunta, cómo dos personas que son realmente iguales, pueden tener una relación donde uno es cabeza y el otro se somete, no necesita mirar más allá de la doctrina de la Trinidad. Dios mismo es el modelo para tal relación.

La creación de Eva establece un paradigma similar para la raza humana. Aquí está la suma de esto: hombres y mujeres, aunque iguales en esencia, fueron diseñados para funciones diferentes. Las mujeres no son, en ningún sentido, intelectual o espiritualmente inferiores a los hombres, pero fueron evidentemente creadas con propósitos distintos. En la administración de la iglesia y la familia, la Biblia dice que las mujeres deben estar subordinadas a la autoridad de los hombres. Aun cuando la Escritura reconoce esto en un sentido totalmente diferente, las mujeres son exaltadas por encima de los hombres porque son la manifestación viva y palpitante de la gloria de una raza hecha a imagen de Dios (1 Corintios 11.7).

Ese era, precisamente, el lugar de Eva después de la creación y antes de la caída. Ella estaba bajo la dirección de su marido, si bien era en muchas maneras aún más gloriosa criatura que él, apreciada y alabada por él. Eran pareja y compañeros, labradores del Jardín. Dios estableció a Adán como cabeza de la raza humana, y a Eva como responsable ante su marido. Lejos de consignarla a una esclavitud servil, o a un estado de doméstico sometimiento, esta fórmula la liberó completamente.

Este fue el paraíso verdadero, y Adán y Eva constituían un microcosmos perfecto de la raza humana, tal como Dios lo diseñó.

Pero entonces el pecado todo lo arruinó. En forma trágica, Eva fue la puerta involuntaria a través de la cual el engañador logró el acceso para atacar a Adán.

SU TENTACIÓN

Génesis 2 termina con una descripción sucinta de la inocencia en el Jardín del Edén: «Y estaban ambos desnudos, Adán y su mujer, y no se avergonzaban»(v. 25).

Génesis 3 presenta entonces al tentador, una serpiente. Evidentemente, se trata de Satanás quién se manifiesta así en forma de un reptil, aunque la Biblia no identifica a esta criatura como Satanás oficialmente hasta el libro de Apocalipsis (12.9; 20.2).

Satanás era un ángel que había caído en pecado. Isaías 14.12-15 y Ezequiel 28.12-19 relatan el fin de una magnífica criatura angelical descrita como el más grande y más glorioso de todos los seres creados. Ese solo puede ser Satanás. La Escritura no nos dice exactamente cuándo se produce la caída de éste ni en qué circunstancias ocurrió. Pero debe haber sido durante los eventos descritos en Génesis 2, porque al final de Génesis 1, toda la creación, incluyendo el universo visible y el mundo espiritual, estaba completa, inmaculada e intachable. «Y vio Dios todo lo que había hecho, y he aquí que era *muy* bueno en gran manera» (Génesis 1.31; énfasis del autor). Pero luego, en Génesis 3.1, encontramos a la serpiente.

La cronología del relato parece sugerir que transcurrió un tiempo muy breve entre el término de la creación, la caída de Satanás y la tentación de Eva. Podrían haber sido solamente algunos días, o quizás unas horas. En todo caso, no debe haber pasado mucho tiempo entre una cosa y otra. Adán y Eva todavía no habían procreado.

A decir verdad, ésta es indudablemente una de las razones principales por las que el tentador no perdió tiempo engañando a Eva y provocándola para hacer pecar a su marido. Quería asestar un ataque a la cabeza de la raza humana antes de que ésta tuviera la oportunidad de multiplicarse. Si podía engañar a Eva y causar la caída de Adán en ese momento, podría sabotear a toda la humanidad en un acto mortal de traición contra Dios.

He aquí el relato bíblico completo de Génesis 3.1-7:

...Pero la serpiente era astuta, más que todos los animales del campo que Jehová Dios había hecho; la cual dijo a la mujer: ¿Conque Dios os ha dicho: No comáis de todo árbol del huerto? Y la mujer respondió a la serpiente: Del fruto de los árboles del huerto podemos comer; pero del fruto del árbol que está en medio del huerto dijo Dios: No comeréis de él, ni le tocaréis, para que no muráis. Entonces la serpiente dijo a la mujer: No moriréis; sino que sabe Dios que el día que comáis de él, serán abiertos vuestros ojos, y seréis como Dios,

sabiendo el bien y el mal. Y vio la mujer que el árbol era bueno para
comer, y que era agradable a los ojos, y árbol codiciable para
alcanzar la sabiduría; y tomó de su fruto, y comió; y dio también a su
marido, el cual comió así como ella. Entonces fueron abiertos los ojos
de ambos, y conocieron que estaban desnudos; entonces cosieron
hojas de higuera, y se hicieron delantales.

Satanás vino a Eva disfrazado. Esto ejemplifica la manera sutil que
usó para engañarla. Se le apareció para asaltarla en forma astuta
cuando no estaba acompañada por Adán. Como vaso frágil, lejos de
su marido pero cerca del árbol prohibido, no podía estar en una
posición más vulnerable.

Nótese que lo que le dijo la serpiente era parcialmente cierto.
Comer del fruto abriría sus ojos a la comprensión del bien y del
mal. En su inocencia, Eva era susceptible a las medias verdades y
a las mentiras del diablo.

Las palabras iniciales de la serpiente en el versículo 1 pusieron
el tenor para todos sus tratos con la humanidad: «¿Conque Dios os
ha dicho...?» El escepticismo está implícito en este cuestiona-
miento. Este es su clásico *modus operandi*. Satanás cuestiona la
Palabra de Dios, sugiriendo incertidumbre acerca del significado
de sus declaraciones, planteando dudas sobre la veracidad de lo
que Dios ha dicho, insinuando sospechas sobre los motivos que
están detrás de los propósitos secretos de Dios, o expresando
aprensión sobre la sabiduría de su plan. Tuerce el significado de la
Palabra de Dios: «¿Conque Dios os ha dicho: no comáis de todo
árbol del huerto?» En realidad, Dios había dado la orden como una
declaración positiva: «Y mandó Jehová Dios al hombre, diciendo:
De todo árbol del huerto podrás comer; mas del árbol de la ciencia
del bien y del mal no comerás; porque el día que de él comieres,
ciertamente morirás» (Génesis 2.16-17). La serpiente puso la orden

en sentido negativo («no comerán de todo árbol...»), haciendo que la expresión de generosidad auténtica sonara como mezquindad. Deliberadamente estaba debilitando la calidad y el mandato de Dios.

Es posible que Eva se haya enterado de esa única restricción por medio de su marido, y no directamente de Dios. Génesis 2.16-17 señala que Dios hizo esa prohibición previo a la creación de ella, en un momento en que Adán era el único receptor. Esto coincide perfectamente con la verdad bíblica de que Adán es el representante y la cabeza de toda la raza humana. Dios lo responsabilizó directamente. La instrucción y protección de Eva eran su responsabilidad como cabeza de familia. Por consiguiente, cuánto más lejos estuviera ella de su lado, más expuesta estaba.

En la dicha inocente del Edén, por supuesto, Eva no tenía conciencia de que existía un peligro como ése. Incluso si (como parece que fue) la serpiente la descubrió mirando el árbol, no estaba pecando en ningún modo. Dios no le prohibió a la pareja mirar el árbol. Contrariamente a la declaración de Eva en Génesis 3.3, Dios no les había prohibido que tocaran el árbol. Ella exagera los rigores de la restricción de Dios.

Note que Satanás también minimizó la gravedad de la advertencia de Dios, suavizando el tono decidido de la certeza divina absoluta («El día que de él comieres, ciertamente morirás» [Génesis 2.17]) al lenguaje de una mera posibilidad («Para que no muráis» Génesis 3.3).

En este punto, sin embargo, ella parece más aturdida y confundida que otra cosa. No hay razón para suponer que distorsionaba los hechos a propósito. Es posible que para protegerla, para poner una valla alrededor del peligro, Adán haya aconsejado a Eva que no «tocara» el fruto prohibido. En ningún caso, Eva estaba haciendo nada malo con solo mirarlo. De hacerlo, lo haría por curiosidad natural. Pero Satanás aprovechó la oportunidad para engañarla y de allí tentar a Adán.

La segunda vez que la serpiente habla con Eva cita incorrectamente la Palabra de Dios con el fin de causar un efecto siniestro. Esta vez contradice mecánicamente lo que Dios había dicho a Adán. Lo que Dios le dijo a Adán fue «el día que de él comieres, ciertamente morirás» (Génesis 2.17). La réplica de Satanás a Eva fue exactamente lo opuesto: «No moriréis».

Luego Satanás siguió confundiendo a Eva con su versión sobre lo que les sucedería si comían: «Dios sabe que el día que comáis de él, serán abiertos vuestros ojos, y seréis como Dios, sabiendo el bien y el mal». Esta era otra verdad parcial. Si Eva comía, sus ojos estarían abiertos al conocimiento del bien y del mal. En otras palabras, perdería su inocencia.

Pero encerrada en esas palabras está la mayor de todas las mentiras. Es la misma falsedad que todavía da de comer al orgullo carnal de nuestra raza caída, y que corrompe cada corazón humano; esta ficción malvada que ha dado a luz a cada una de las religiones falsas en la historia de la humanidad; el mismo error que nació de la perversidad de Satanás mismo; es, por lo tanto, la mentira que subyace en todo el universo del mal: «Seréis como Dios»(v. 5).

Comer la fruta no haría a Eva como Dios. La haría (y la hizo) más parecida al diablo: caído, corrupto, y condenado.

Pero Eva fue engañada. «Y vio la mujer que el árbol era bueno para comer, y que era agradable a los ojos, y árbol codiciable para alcanzar la sabiduría (v. 6). Note los deseos naturales que colaboraron en la confusión de Eva: Su necesidad física (era bueno para comer); su sensibilidad estética (era agradable a los ojos) y su curiosidad intelectual (era deseable para la sabiduría). Son todos impulsos buenos, legítimos y saludables a menos que el objeto del deseo sea pecaminoso, en cuyo caso la pasión natural pasa a ser lujuria. De eso nunca puede resultar algo bueno. Así nos dice el apóstol Juan: «Porque todo lo que hay en el mundo, los deseos de la carne, los deseos de los ojos, y la vanagloria de la vida, no proviene del Padre, sino del mundo» (1 Juan 2.16).

Eva comió y luego le dio de comer a su marido. La Escritura no indica si Adán encontró a Eva cerca del fruto prohibido o si ella fue y lo encontró a él. De cualquier modo, por la acción de Adán, y de acuerdo a Romanos 5.12, «el pecado entró en el mundo por un hombre, y por el pecado la muerte, así la muerte pasó a todos los hombres, por cuanto todos pecaron». Esto es lo que se conoce como la doctrina del pecado original. Es una de las doctrinas más importantes y fundamentales de la teología cristiana y, por lo tanto, digna del esfuerzo para ser comprendida en el contexto de la historia de Eva.

A veces, la gente se pregunta por qué fue tan determinante para la humanidad el fracaso de Adán, y por qué la Escritura trata su desobediencia como el medio por el cual, el pecado entró en el mundo. Porque, se argumenta, después de todo fue Eva quien comió el fruto prohibido primero; fue ella quien sucumbió a la tentación original, permitiéndose a sí misma ser atraída por un llamado de lujuria, desobedeciendo el mandato de Dios. ¿Por qué, entonces, se considera la falta de Adán el pecado original?

Recuerde, antes que nada, que 1 Timoteo 2.14 dice: «Y Adán no fue engañado, sino que la mujer, siendo engañada, incurrió en transgresión».

El pecado de Adán fue deliberado y voluntario en una manera diferente al de Eva. Es cierto que ella fue engañada, pero Adán escogió con pleno conocimiento participar, en una rebelión deliberada contra Dios, compartiendo la fruta que Eva le ofrecía.

Hay, sin embargo, una razón aún más importante por la que el pecado de Adán, más bien que el de Eva, permitió la caída de toda la humanidad. Y es porque en la posición única de Adán como cabeza de la familia original, y como tal líder de toda la raza humana, su autoridad tenía una importancia especial. Dios trataba con él como una especie de delegado legal que se representaba a sí mismo, a su esposa y a toda su descendencia ante Dios. Por tanto, cuando Adán pecó, lo hizo como nuestro representante ante Dios. Cuando cayó, caímos con él. Por eso es que, precisamente, la Escritura nos enseña que nacemos pecadores (véase Génesis 8.21; Salmos 51.5; 58.3), y que compartimos la culpa y la condena de Adán (Romanos 5.18).

En otras palabras, contrariamente a lo que muchas personas asumen, no caemos desde un estado de inocencia completa al pecado individualmente, sino que Adán, que estaba actuando como un agente y apoderado de la raza humana, lanzó *a toda la humanidad, de una vez,* en el pecado. En las palabras de Romanos 5.19, «Por la desobediencia de un hombre los muchos fueron constituidos pecadores». Todos los descendientes de Adán fueron condenados por su acción. Por eso se dice que la raza humana es culpable debido a lo que hizo Adán, y no por lo que hizo Eva.

Es imposible entender el sentido de la doctrina del pecado original —y aun de la Escritura como un todo— si ignoramos este principio esencial. En un contexto absolutamente determinante, aun la verdad del Evangelio depende de esta idea de autoridad representativa. La Escritura dice que la autoridad de Adán sobre la raza humana es un paralelo exacto de la dirección de Cristo sobre la raza redimida (Romanos 5.18; 1 Corintios 15.22). Del mismo modo que ese Adán, como nuestro representante, acarreó la culpabilidad sobre nosotros, Cristo quitó esa culpabilidad de su pueblo llegando a ser su autoridad y representante. Se presentó como su apoderado ante el tribunal de justicia divino y pagó el precio de su culpabilidad ante Dios. Jesús también hizo todo lo que Adán dejó de hacer, rindiendo obediencia a Dios de parte de su pueblo. Por lo tanto, «así también por la obediencia de uno, los muchos serán constituidos justos»(Romanos 5.19). En otras palabras, la justicia de Cristo es contada como nuestra, porque tomó su lugar como la autoridad representativa de todos los que confían en Él. Esto es, en una palabra, el Evangelio.

No se crea, sin embargo, que porque el pecado de Eva no fue tan deliberado ni tan trascendental como el de Adán, se le puede eximir de culpabilidad. El pecado de Eva fue extremadamente pecaminoso, y sus acciones demostraron que fue plena y voluntariamente cómplice de Adán en su desobediencia. (Dicho sea de paso, en un modo similar, todos nosotros demostramos por nuestros propios actos que la doctrina del pecado original es perfectamente justa y razonable. Nadie puede legítimamente pretender eximirse de la culpabilidad que pesa sobre la raza humana, alegando que es injusto pagar por el comportamiento de Adán. Nuestros propios pecados demuestran nuestra complicidad con él.)

El pecado de Eva la sometió a la desaprobación de Dios. Perdió el paraíso del Edén y heredó en su lugar una vida de dolor y frustración. La maldición divina contra el pecado se centró en ella de un modo particular.

SU HUMILLACIÓN

En una cosa la serpiente tenía razón: comer el fruto prohibido abrió los ojos de Eva de modo que supo distinguir entre el bien y el mal. Desafortunadamente, supo del mal experimentándolo, haciéndose participante voluntaria del pecado. En un momento, su inocencia había desaparecido. El resultado fue una vergüenza angustiante.

La Escritura describe esto en una forma algo pintoresca: «Entonces fueron abiertos los ojos de ambos, y conocieron que estaban desnudos; entonces cosieron hojas de higuera, y se hicieron delantales» (Génesis 3.7).

Su famoso intento para hacerse ropa con hojas de higuera ilustra perfectamente la completa incompetencia del esfuerzo humano por tratar de cubrir la vergüenza. La religión, la filantropía, la educación, la autoestima, el perfeccionamiento, el mejoramiento y todos los demás intentos de la capacidad humana, no son capaces de suministrar el camuflaje para cubrir la desgracia y la vergüenza de nuestra condición de raza caída. Todos los remedios combinados hechos por el hombre, no son más eficaces para quitar el deshonor de nuestro pecado, que el intento de nuestros primeros padres para ocultar su desnudez con hojas de higuera. Ocultar nuestra vergüenza no soluciona el problema de la culpabilidad a los ojos de Dios.

Peor aún, una expiación completa por la culpabilidad está muy lejos de la posibilidad de ser provista por hombres y mujeres caídos.

Eso fue lo que comprendieron Adán y Eva cuando sus ojos se abrieron al conocimiento del bien y del mal.

El Señor, por supuesto, sabía todo respecto del pecado de Adán antes que aun ocurriera. No había ninguna posibilidad de ocultarle la verdad a Él, ni tenía que ir físicamente al jardín para saber lo que la primera pareja había hecho.

Pero el Génesis cuenta la historia desde una perspectiva terrenal y humana. Lo que leemos en Génesis 3.8-13 es, en esencia, lo que Eva escuchó y vio:

Y oyeron la voz de Jehová Dios que se paseaba en el huerto, al aire del día; y el hombre y su mujer se escondieron de la presencia de Jehová Dios entre los árboles del huerto. Mas Jehová Dios llamó al hombre, y le dijo: ¿Dónde estás tú? Y él respondió: Oí tu voz en el huerto, y tuve miedo, porque estaba desnudo; y me escondí. Y Dios le dijo: ¿Quién te enseñó que estabas desnudo? ¿Has comido del árbol de que yo te mandé no comieses? Y el hombre respondió: La mujer que me diste por compañera me dio del árbol, y yo comí. Entonces Jehová Dios dijo a la mujer: ¿Qué es lo que has hecho?

Es evidente que la vergüenza de nuestros primeros padres estuvo acompañada por una profunda sensación de miedo, temor y horror ante la perspectiva de tener que dar cuenta a Dios por lo que habían hecho. Por eso fue que trataron de esconderse. Como las hojas de higuera, su escondite fue inadecuado para ocultarlos del ojo de Dios que todo lo ve.

La respuesta de Adán refleja tanto su miedo como un profundo pesar. Pero no hay confesión. Adán pareciera haberse dado cuenta que no tenía sentido argumentar inocencia pero tampoco hizo una confesión completa. Lo que trató de hacer fue echarle la culpa a otro. Así es que apuntó con el dedo hacia quien estaba más cerca: Eva.

También estaba implícita en las palabras de Adán («la mujer que me diste») una acusación contra Dios. Tan rápidamente corrompió el pecado la mente de Adán que en su afán de echarle la culpa a otro no dudó en hacer de Dios parte de su propio crimen. Esto es tan típico de los pecadores que buscan justificarse, que la Epístola de Santiago en el Nuevo Testamento nos enseña expresamente: «Cuando alguno es tentado, no diga que es tentado de parte de Dios; porque Dios no puede ser tentado por el mal, ni él tienta a nadie; sino que cada uno es tentado, cuando de su propia concupiscencia es atraído y seducido» (Santiago 1.13-14). Adán, sin embargo, estaba tratando sutilmente de echar por lo menos algo de la culpa sobre Dios mismo.

Pero Adán traspasó la mayor parte de la culpabilidad a Eva. El Señor respondió, no para argumentar con Adán, sino para confrontar directamente a Eva. Esto, obviamente, no indicaba que Adán quedaba fuera del problema. En lugar de eso, el Señor estaba dando a Eva una oportunidad para que confesara su participación.

Pero ella se limitó a echarle la culpa a la serpiente: «Y dijo la mujer: la serpiente me engañó y comí» (Génesis 3.13). Eso era verdad (1 Timoteo 2.14), pero la culpa de la serpiente no justificó su pecado.

Una vez más, Santiago 1.14 nos recuerda que cada vez que pecamos, somos inducidos *por nuestra propia lujuria*. No importa qué medios pueda usar Satanás para inducirnos al pecado ni cuán sutil sea su astucia, la responsabilidad del acto mismo siempre reside en el pecador y en nadie más. Eva no podía escapar a la rendición de cuentas de lo que había hecho transfiriendo la culpa.

Nótese, sin embargo, que Dios no siguió argumentando ni alargó el diálogo innecesariamente. Las propias palabras de Adán y Eva fueron suficientes para condenarlos, a pesar de sus esfuerzos para evitar una confesión total. Todas sus excusas no fueron mejores para ocultar su culpabilidad que lo que habían sido las hojas de higuera.

Así que en Génesis 3.14-19 el Señor pronuncia una maldición a los culpables dirigiéndose en primer lugar a la serpiente, luego a Eva y finalmente a Adán:

...Y Jehová Dios dijo a la serpiente: Por cuanto esto hiciste, maldita serás entre todas las bestias y entre todos los animales del campo; sobre tu pecho andarás, y polvo comerás todos los días de tu vida. Y pondré enemistad entre ti y la mujer, y entre tu simiente y la simiente suya; ésta te herirá en la cabeza, y tú le herirás en el calcañar. A la mujer dijo: Multiplicaré en gran manera los dolores en tus preñeces;

con dolor darás a luz los hijos; y tu deseo será para tu marido, y él se
enseñoreará de ti. Y al hombre dijo: Por cuanto obedeciste a la voz de
tu mujer, y comiste del árbol de que te mandé diciendo: No comerás
de él; maldita será la tierra por tu causa; con dolor comerás de ella
todos los días de tu vida. Espinos y cardos te producirá, y comerás
plantas del campo. Con el sudor de tu rostro comerás el pan hasta que
vuelvas a la tierra, porque de ella fuiste tomado; pues polvo eres, y al
polvo volverás.

Revisar la maldición en forma exhaustiva podría consumir muchos capítulos. Requeriría más espacio que el disponible en éste. En lo que estamos principalmente interesados es, por supuesto, en cómo esta maldición se relaciona con Eva en particular. Note que la maldición tiene tres secciones. La primera es dirigida a la serpiente; la segunda a Eva y la tercera es para Adán. Pero las tres partes se relacionan directamente con Eva. Para ver esto con más claridad, permítanme invertir el orden y empezar con la sección final, la dirigida a Adán.

Recordemos que la maldición sobre Adán no estuvo dirigida solamente a él, sino que a toda la raza humana. Implicaba, además, cambios importantes en el medio ambiente terrenal. De modo que la maldición sobre Adán tuvo implicaciones inmediatas y automáticas para Eva (y para también todos sus descendientes). La pérdida del paraíso y el cambio repentino en toda la naturaleza significaba que la vida cotidiana de Eva sufriría las mismas onerosas consecuencias que la vida de Adán. El trabajo sería para ambos una carga, así como el sudor, las espinas y los cardos, y en última instancia, la realidad de la muerte sería parte de su vida. Así, la maldición sobre Adán cayó también sobre Eva.

Es significativo, creo, que la sección más breve de la maldición sea la parte que trata con Eva directamente, contenida del todo en solo un versículo de la Escritura (v. 16), y con dos elementos. Una consecuencia directa de su pecado sería una multiplicación del dolor y el sufrimiento asociado al parto. Lo demás sería una lucha que tendría lugar en su relación con su marido. En otras palabras, la maldición que se dirige a Eva en particular trata con las dos relaciones más importantes en las cuales una mujer naturalmente busca su mayor alegría: su marido y sus hijos.

La primera parte del versículo 16 es sencilla y directa: «Multiplicaré en gran manera los dolores en tus preñeces; con dolor darás a luz los hijos». Por supuesto, en primer lugar es el pecado el que trajo el dolor y la miseria al mundo. La expresión *multiplicar tu dolor* no sugiere que de todos modos pudo haber habido algún grado menor de angustia o aflicción en un Edén sin maldición. Es muy probable que incluso el parto habría sido tan sin dolor y tan perfecto como cualquier otro aspecto del paraíso. Pero esta forma de hablar simplemente reconoce que ahora, en un mundo caído, la tristeza, la pena y los dolores físicos serían parte y porción de la rutina diaria de la mujer. Y que en el parto, el dolor y la angustia serían «multiplicados en gran manera», un incremento significativo sobre los infortunios normales de la vida diaria. El acto de parir hijos, que originalmente tiene el potencial de traer el más puro tipo de alegría y felicidad, sería estropeado por agudos dolores y dificultades.

La segunda parte del versículo es algo más difícil de interpretar: «Y tu deseo será para tu marido, y él se enseñoreará de ti». Una luz nos aclara el significado de esa expresión comparándola con Génesis 4.7, que usa exactamente el mismo lenguaje y construcción gramatical para describir la lucha que sostenemos con el pecado: «El pecado está a la puerta; con todo esto, a ti será su deseo, y tú te enseñorearás de él». En otras palabras, el pecado desea adquirir dominio sobre usted, pero en lugar de eso, usted tiene que prevalecer sobre él.

Génesis 3.16, usando el mismo lenguaje, describe una lucha similar que tendría lugar entre Eva y su marido. Antes que *Adán* pecara, su liderazgo era siempre perfectamente sabio, cariñoso y tierno. Antes que Eva pecara, su sumisión era el modelo perfecto de mansedumbre y modestia. Pero el pecado cambió todo eso. Ahora se irritaría bajo la autoridad de Adán y desearía dominarlo. La tendencia masculina sería sofocarla de manera áspera o dominante. Así, vemos que las tensiones por los diferentes papeles de cada género llegan hasta nuestros primeros padres. Es uno de los efectos inmediatos del pecado y la horrible maldición que trajo sobre nuestra raza.

El paraíso fue completamente arruinado por el pecado y la gravedad de la maldición debe haber hecho añicos el corazón de Eva. Pero el juicio de Dios contra ella no fue totalmente duro e irremediable. Hubo una buena cuota de gracia aun en la maldición. A los ojos de la fe, hubo rayos de esperanza que brillaron incluso a través de la nube del desagrado de Dios.

Por ejemplo, Eva podría haber sido subordinada a la serpiente a quién tan tontamente le había hecho caso. Pero en cambio, quedó bajo la autoridad de su marido, que la amaba. Podría haber sido completamente destruida, o destinada a vagar a solas en un mundo donde era muy difícil sobrevivir. En vez de eso, se le permitió permanecer con Adán, que continuaría cuidándola y sosteniéndola. Seguía siendo su compañera aunque su relación tendría ahora tensiones que no existían en el Edén. Aunque con justicia podría haber sido hecha una marginada y una paria, conservó su lugar de esposa.

En el peor de los casos, pudo habérsele prohibido incluso tener hijos. En lugar de eso, aunque la experiencia sería dolorosa y acompañada de aflicciones, todavía sería la madre de todos los vivientes. En efecto, el nombre que Adán le dio después de la maldición da testimonio de este hecho: «Y llamó Adán el nombre de su mujer, Eva, por cuanto ella era madre de todos los vivientes» (Génesis 3.20).

De hecho, la promesa de que Eva todavía daría a luz hijos, mitigó otro aspecto de la maldición. Esa simple expectativa contenía un rayo de la esperanza para toda la raza humana. Había una pista en la maldición misma que señalaba que uno de los propios descendientes de Eva podría, en última instancia, arrojar lejos el mal y disipar todas las tinieblas del pecado. Por su desobediencia, Eva había puesto en movimiento a todo el mundo del mal; ahora, a través de su descendencia, proporcionaría un Salvador. Esta poderosa esperanza ya le había sido dada implícitamente en la parte de la maldición donde el Señor se dirige a la serpiente.

Su expectativa

La maldición de Dios sobre la serpiente fue la más grave de todas. En el más literal y obvio de los sentidos, la maldición parece estar dirigida al reptil propiamente como tal. Pero recuerde que este reptil fue en cierto modo habitado o controlado por Satanás. El verdadero significado de la maldición, por lo tanto, va en realidad más allá de la serpiente y sus especies. Su mensaje principal es una sentencia implacable de condenación contra Satanás mismo.

De todas maneras, la maldición tiene importantes implicaciones para la serpiente literal y sus especies. No deje de advertir que el Señor implícitamente la declara maldita entre «todas las bestias y entre todos los animales del campo» (Génesis 3.14). Por supuesto, Dios no declaró a todo el reino animal culpable por el pecado de Adán. (La Escritura nunca presenta a los animales como seres moralmente sensibles, y ésta no es la excepción. Incluso en el caso de la serpiente, la culpa moral recae en el espíritu satánico que usó la forma del reptil, y no en la bestia misma.) Pero Dios maldijo incluso a los animales por el pecado de Adán. En otras palabras, la maldición sobre ellos fue parte del juicio de Dios contra Adán.

Recuerde que la maldición tuvo ramificaciones negativas para todo el medio ambiente. El mal es contagioso, y, por lo tanto, cuando Adán pecó, todo su entorno fue contaminado. Lo extenso de la maldición refleja esa verdad. Por eso en el versículo 17, el Señor maldijo incluso a la tierra. Obviamente, el reino animal estaría igualmente sujeto a los muchos y demoledores efectos de la rebelión de Adán. De ahora en adelante cada bestia del campo lucharía por sobrevivir en un mundo decadente y moribundo. También estarían sujetos a las enfermedades, la destrucción, el desastre, la muerte y demás privaciones provenientes de la presencia del mal. Por lo tanto, los animales también fueron formalmente incluidos en la maldición de Dios. Fueron consignados a sufrir las miserias del mal que el pecado de Adán trajo a su medio ambiente. Todo esto fue parte del juicio a Adán, un recordatorio constante del desagrado de Dios por su pecado.

Pero la serpiente sería maldita por sobre todas las especies, reducida a arrastrarse en el polvo sobre su vientre. Esto parece sugerir que las serpientes originalmente tenían extremidades. No se nos ha dado una descripción física de antes de la maldición, pero bien pudo haber sido una criatura magnífica y sofisticada. De ahora en adelante, sin embargo, todas las serpientes serían degradadas a la suciedad, condenadas a retorcerse en el suelo y, por lo tanto, incapaces de evitar comer los desperdicios. Cualquiera haya sido la gloria de esta criatura antes de la caída, a partir de ahora tomaría una forma repulsiva.

Es más, la serpiente llevaría para siempre el estigma del desprecio humano. Esto sería evidente en el rechazo casi universal que se tiene hacia las serpientes. Ninguna otra criatura despierta tanto temor y aversión.

Pero una vez más, el significado pleno de este pasaje mira realmente más allá del reptil y se dirige al espíritu satánico que lo controló. La degradación de la serpiente al polvo solo refleja e ilustra la degradación propia de Satanás desde el cielo. «¡Cómo caíste del cielo, oh Lucero, hijo de la mañana! Cortado fuiste por tierra» (Isaías 14.12).

La aversión de la humanidad se aplica igualmente a Satanás. Aunque nuestra raza está caída y espiritualmente alineada con Satanás contra Dios (Juan 8.44), el diablo mismo es un oprobio y un infortunio entre los descendientes de Eva. A la gente, como una norma, Satanás les resulta repulsivo y una imagen perversa.

Pero eso no es todo lo que esto significa. Las importantes implicaciones espirituales de la maldición contra la serpiente son aún más profundas que eso. Y creo que en cierta medida Eva comprendía esto. A Génesis 3.15 se lo nombra a menudo como el *protoevangelio* (lo que quiere decir, literalmente, «el primer evangelio»). Aquí está el primer atisbo de buenas noticias para la humanidad caída, ¡y llega de las palabras iniciales de la *maldición* de Dios! Él le dice al espíritu maligno que mora en la serpiente:... «Y pondré enemistad entre ti y la mujer, y entre tu simiente y la simiente suya; ésta te herirá en la cabeza, y tú le herirás en el calcañar».

Aunque enmarcada como una maldición contra el tentador, esa parte fue un brillante rayo de luz para Eva. Aquí había una promesa explícita que su Simiente golpearía la cabeza del mal. Es posible que ella no comprendiera todo lo que significaba la promesa divina implícita en esas palabras, pero difícilmente habrá dejado de cobrar ánimo con lo que había oído.

Antes que nada, la sola mención de «su Simiente»indicaba que tendría hijos y la oportunidad de criar una familia. Por lo menos, ahora *sabía* que sería instantánea y abruptamente destruida por su pecado. No sería consignada a una condenación definitiva junto con la serpiente. En vez de eso (y Eva seguramente comprendió que esto se debía únicamente a la gracia y misericordia de Dios), todavía tendría la oportunidad de ser la madre de la raza humana. Además, Dios se aseguraría que la enemistad entre los descendientes de Eva y esa criatura malvada se mantuviera para siempre. Todo esto eran claramente buenas noticias desde la perspectiva de Eva.

Aún mejor, sin embargo, fue la promesa que su simiente golpearía la cabeza de la serpiente. Ésta fue una garantía que su raza no estaría desesperadamente subordinada a la dominación del mal para siempre. De hecho, sea que Eva haya captado o no esto, la maldición contra la serpiente insinuó una solución definitiva para su pecado, dándole razón para esperar que un día, uno de sus descendientes infligiría un golpe mortal a la cabeza del tentador y que destruiría finalmente al diabólico ser y a toda su influencia y, en efecto, cambiaría toda la perversidad que Eva había contribuido a desencadenar.

No lo dude porque esto es, precisamente, lo que tales palabras significan. La maldición contra la serpiente encerraba una promesa para Eva. Su «Simiente» le aplastaría la cabeza a la serpiente. Su propia descendencia destruiría al destructor.

Este sentido de Génesis 3.15 refleja la verdadera intención divina, lo que se hace completamente claro en el resto de la Escritura. (Indudablemente, es la trama principal que el resto de la Escritura relata.) Por ejemplo, hay un eco de este mismo lenguaje en Romanos 16.20: «Y el Dios de paz aplastará en breve a Satanás bajo vuestros pies». Hebreos 2.14 dice que Cristo (quien, por supuesto, es el eterno «Dios de paz») asumió forma humana, literalmente llegó a ser uno de los descendientes de Eva, para «destruir por medio de la muerte al que tenía el imperio de la muerte, esto es, al diablo». Primera Juan 3.8 dice: «Para esto apareció el Hijo de Dios, para deshacer las obras del diablo». Así Cristo, quien fue «nacido de mujer» (Gálatas 4.4) —la descendencia de una virgen y Dios en forma humana— literalmente cumplió esta promesa que la Simiente de la mujer heriría la cabeza de la serpiente.

¿Cuánto de esto habrá comprendido verdaderamente Eva? La Biblia no lo dice pero parece claro que ella se aferró a la esperanza que finalmente uno de sus propios descendientes heriría a su enemigo mortal. Si pedimos prestadas palabras a un contexto ligeramente diferente, ella pareció intuir que su especie, por la gracia de Dios, «se salvaría engendrando hijos» (1 Timoteo 2.15). Podemos estar seguros que su profunda enemistad hacia el tentador fue invariable a lo largo de su vida, mientras anhelaba el día en que uno de sus hijos le aplastaría la cabeza.

Evidencia de esa esperanza se ve en su gran alegría cuando es madre por primera vez. Génesis 4.1 describe el nacimiento de Caín, el hijo mayor de Eva. Dijo: «Por voluntad del Señor he adquirido varón». La expresión hebrea se podría traducir literalmente como, «He adquirido un hombre; Jehová».

Algunos comentaristas han sugerido que quizás ella pensaba que Caín era Dios encarnado, el Redentor prometido. La Escritura nos da pocas razones para pensar que su esperanza mesiánica estaba tan desarrollada. Por cierto, si supuso que Caín era la Simiente, muy pronto se desilusionó. Caín destrozó el corazón de su madre en lugar de la cabeza de la serpiente, dando muerte a Abel, su hermano menor.

Lo que haya sido que dedujo Eva de la expresión de Génesis 4.1, no obstante, fue una expresión clara de la esperanza y el regocijo por la gracia, la compasión, la generosidad y el perdón de Dios para con ella. Hay un tono de exaltación en la expresión «Por voluntad del Señor he adquirido varón».

Está claro también que su esperanza estuvo personificada en sus propios hijos. Ella los vio como pruebas de la bondad de Dios y como recuerdo de la promesa que su simiente sería el instrumento mediante el cual se consumaría la destrucción final del engañador. En efecto, cuando nació Set —después que Caín había roto su corazón al matar a Abel— la Escritura dice: «Y llamó su nombre Set: Porque Dios (dijo ella) me ha sustituido otro hijo en lugar de Abel, a quien mató Caín» (Génesis 4.25). La referencia «a la simiente de sustitución» sugiere que en su corazón guardaba la promesa encerrada en la maldición, y que atesoraba la esperanza inmortal que un día su propia Simiente cumpliría esa promesa.

¿Fueron salvos Adán y Eva? Creo que lo fueron. La gracia de Dios para con ellos se ejemplifica en la manera en que «hizo túnicas de piel, y los vistió» (Génesis 3.21). Para que Dios hiciera eso, algunos animales tuvieron que morir. Por lo tanto, el primer sacrificio de sangre fue hecho por la mano de Dios en beneficio de ellos. Además, oculta en la declaración de Dios de que la Simiente de la mujer vencería a la serpiente, había una promesa implícita de que su pecado y todas las consecuencias de esto un día serían vencidos y erradicados. Sabemos desde la perspectiva del Nuevo Testamento que esta promesa involucraba el envío del propio Hijo de Dios para reparar el daño causado por el pecado de Adán.

Hasta donde la entendieron, ellos creyeron en esa promesa. La Escritura señala que Set dio origen a una línea de personas piadosas: «Y a Set también le nació un hijo, y llamó su nombre Enós. Entonces los hombres comenzaron a invocar el nombre de

Jehová» (Génesis 4.26). ¿De dónde vendría este conocimiento del Señor? Obviamente, vino de Adán y Eva, quienes tenían más conocimientos directos y de primera mano de Dios que nadie desde la caída. Esta línea piadosa (que perdura en la fe de millones aún hoy) fue su gran legado. Felizmente para Eva, al final esto será infinitamente más perdurable que su herencia de pecado. Después de todo, el cielo estará lleno de sus descendientes redimidos, ocupados eternamente con una celebración de la obra de su Simiente.

2

SARA: ESPERANDO CONTRA TODA ESPERANZA

...Por la fe también la misma Sara, siendo estéril, recibió fuerza para concebir; y dio a luz aun fuera del tiempo de la edad, porque creyó que era fiel quien lo había prometido.

Hebreos 11.11

Vamos a ser honestos: hay ocasiones en la historia bíblica en que Sara se manifiesta casi como una fiera suelta. Ella era la esposa del gran patriarca Abraham, así que tenemos la tendencia a verla en un marco de dignidad y honor. Pero leyendo la descripción bíblica de su vida, es imposible dejar de notar que a veces actuó muy mal. Podían darle ataques y berrinches. Sabía muy bien cómo ser una manipuladora e incluso cómo ser mala. En algún momento, ejemplificó casi cada rasgo asociado con la típica caricatura de una mujer vulgar. Podía ser impaciente, temperamental, maquinadora, arisca, cruel, inconstante, malhumorada, celosa, errática, irracional, ganadora, quejumbrosa y regañona. No obstante, siempre fue el modelo perfecto de gracia piadosa y de mansedumbre.

En efecto, hay pistas que indican que podría haber sido un dechado de belleza; una diva clásica. Su nombre, *Sarai*, significa «mi princesa». (Según Génesis 17.15, el nombre no se le cambió a

Sara sino hasta cuando tenía noventa años). La Escritura repetidamente destaca su deslumbrante atractivo. Dondequiera iba, al instante recibía favores y privilegios a causa de su hermosura. Ese tipo de cosas puede estropear lo mejor de la mujer.

A propósito, la descripción bíblica de la vida de Sara no comienza sino realmente hasta que tiene sesenta y cinco años. Asombrosamente, aún a esa edad, su belleza física era tan extraordinaria que Abraham asumía con cierta frecuencia que otros hombres poderosos la querrían para su harén. Y tenía razón. Primero un faraón, luego un rey, sin saber que era la esposa de Abraham, planearon hacerla su mujer. Hasta el día de hoy, Sara es recordada por su legendaria belleza. Una famosa tradición musulmana enseña que Sara se parecía a Eva. (Eso es particularmente importante teniendo en cuenta otra tradición musulmana, que dice que Alá dio a Eva, dos tercios de toda la belleza existente, y luego dividió el otro tercio entre todas las demás mujeres). Pero no es necesario embellecer el atractivo de Sara con fábulas. Con solo el relato bíblico queda claro que era una mujer extraordinariamente hermosa.

Desde el momento en que se convirtió en la esposa de Abraham, Sara deseaba una cosa por sobre todo lo demás, y eso era tener hijos. Pero era estéril desde el principio hasta el fin de sus años fecundos normales. De hecho, esto es prácticamente lo primero que la Escritura menciona sobre ella. Después que en Génesis 11.29 relata que Abraham la tomó como esposa, el versículo 30 dice: «Pero Sarai era estéril y no tenía hijo».

Estaba obviamente torturada por su esterilidad. Cada episodio de malhumor o conflicto en su familia estaba relacionado con su frustración por su propia aridez. Esto la carcomía. Gastó muchos años en manejar la frustración y la depresión que esta realidad le producía. Deseaba ser madre con desesperación, pero terminó aceptando que Dios mismo la había hecho definitivamente estéril (Génesis 16.2). Tanto quería que su marido tuviera un heredero, que le inventó un plan inmoral, incorrecto y completamente absurdo, convenciéndolo para que procreara un niño con su propia criada.

De manera previsible, las consecuencias de tal truco carnal casi le desgarraron la vida y parecieron dejarle una cicatriz permanente en su personalidad. Su amargura la enfureció durante trece años, hasta que insistió definitivamente para que Abraham expulsara a la otra mujer y al niño que había procreado.

Los defectos de Sara son suficientemente obvios. Sin ninguna duda, había caído. Su fe se debilitó con el tiempo. Su propio corazón la llevó por el camino equivocado. Esas faltas eran muy visibles e incuestionables. Si esto fuera todo lo que sabemos acerca de Sara, podríamos estar tentados a describirla como una arpía, como una mujer áspera y dura, implacablemente egocéntrica y temperamental. No fue siempre ese tipo de persona que genera en forma natural nuestra comprensión y simpatía al conocerla.

Por fortuna, había mucho más que eso en Sara. Tenía tantos puntos fuertes como defectos notorios. La Escritura en realidad la elogia por su fe y firmeza. El apóstol Pedro la señala como modelo de cómo cada esposa debe someterse a la autoridad de su marido.

Aunque con esos destellos terribles de mal genio e incluso de crueldad (recuerde que Sara era una criatura acuciada por problemas tan carnales como nosotros), su vida se caracteriza por la humildad, la mansedumbre, la hospitalidad, la fidelidad, el profundo afecto para con su marido, el amor sincero hacia Dios y la esperanza a toda prueba.

Haciendo un estudio sobre contrastes y contradicciones, concluimos que Sara fue efectivamente una mujer extraordinaria. Aunque dio a luz solamente a un hijo y no fue madre sino hasta que había pasado la edad normal de la fertilidad, es la matriarca principal en la historia hebrea. Sin embargo, pese a que uno de los aspectos más ejemplares de su carácter fue la fidelidad a toda prueba para con su marido, el error más conocido de su vida la involucra en un acto de grosera infidelidad. Vacilaba a veces, pero ella en última instancia perseveraba contra obstáculos increíbles, y la firmeza de su fe llegó a ser la característica principal de su legado. En efecto, el Nuevo Testamento la venera en el salón de la fe: «Porque creyó que era fiel quien lo había prometido» (Hebreos 11.11).

El espectáculo completo de la fe asombrosa de Sara realmente no se aprecia en su totalidad sino hasta que consideramos los muchos obstáculos aparentemente insuperables de esa fe.

Su trasfondo en Ur de los Caldeos:

Sara era media hermana de Abraham, su marido. En Génesis 20.12, Abraham describe para el rey Abimalec su relación con su esposa: «Y a la verdad también es mi hermana, hija de mi padre, mas no hija de mi madre, y la tomé por mujer».

Taré era el padre de ambos. Sara era diez años más joven que Abraham (Génesis 17.17). No conocemos los nombres de ninguna de sus madres.

A propósito, esa clase de relación marital entre medio-hermanos no constituía un tipo de incesto en los tiempos de Abraham. Su hermano Nacor se casó con una sobrina; y tanto Isaac como Jacob se casaron con primas. Tales matrimonios entre parientes tan próximos no eran anormales o escandalosos en la era patriarcal ni en épocas previas que se extienden hasta la creación. Obviamente, puesto que Adán y Eva eran los únicos seres humanos a quienes Dios originalmente creó, fue absolutamente esencial que al comienzo algunos de sus descendientes se casaran con sus propios hermanos.

La Escritura no hizo ninguna prohibición contra los matrimonios consanguíneos (matrimonio entre parientes cercanos) hasta mucho después del tiempo de Abraham. No hay duda que una de las razones principales por las que el Señor prohíbe esta práctica en última instancia, se debe a la acumulación de mutaciones genéticas en los genes humanos. Cuando usted comienza con dos criaturas genéticamente perfectas, no hay riesgo de defectos hereditarios. Solo gradualmente aparecen los peligros asociados a la endogamia. Por lo tanto, no existía ninguna prohibición legal contra el incesto hasta la época de Moisés. En Levítico 18.6, 18 y 20.17, 21 explícitamente se prohíben varios tipos de incesto, incluyendo el matrimonio entre medio—hermanos. Pero los patriarcas no deben ser evaluados por leyes que entraron en vigencia muchas generaciones después. No era pecado que Abraham tomara a Sara como su esposa.

La Escritura no dice prácticamente nada de sus primeros años de matrimonio. En efecto, *todo* lo que sabemos sobre esa época de sus vidas es la amarga verdad que crispaba la conciencia de Sara permanentemente: «Mas Sarai era estéril, y no tenía hijo» Génesis 11.30). ¡Esa sola declaración resume todo lo que la Escritura tiene que decir acerca de los primeros sesenta y cinco años de la vida de Sara! No es para asombrarse que ocasionalmente presentara destellos de frustración y resentimiento.

Nótese que el relato bíblico de la vida de Abraham no comienza realmente sino hasta los setenta y cinco. Todo lo que se nos dice es que él había nacido en Sumeria, la Baja Mesopotamia, junto a la confluencia de los ríos Tigris y Eufrates. (Cerca del Golfo Pérsico en una región que es parte del actual Irak.) El pueblo natal de Abraham era un famoso centro urbano conocido como Ur de los Caldeos.

Ur era el corazón de una cultura pagana sofisticada. Sara y Abraham habrían vivido allí durante el período de mayor poder y opulencia. El gobierno de la ciudad era una teocracia supersticiosa que supuestamente rendía culto al dios babilónico de la luna. (Esta era la misma cultura que construyó los famosos zigurat, torres terraplenadas donde se levantaban enormes templos paganos.)

Abraham, por supuesto, era un adorador de Jehová. Su conocimiento del Dios verdadero probablemente le había sido traspasado por sus antepasados. Después de todo, Abraham era apenas un noveno descendiente de la generación de Sem, hijo de Noé.

Es obvio que las culturas mundanas del tiempo de Abraham estuvieran muy paganizadas. Aún antes del episodio de la torre de Babel y por muchas generaciones, el amor por la verdad había ido disminuyendo rápidamente. Por la época en que Abraham entra en escena, la adoración idolátrica dominaba por completo la cultura del mundo.

Pero todavía existía un remanente disperso de creyentes fieles. Es muy probable que diseminadas aquí y allá entre la población del mundo hubiera familias fieles que conocían y adoraban a Jehová, habiendo mantenido su fe a través de las generaciones desde los tiempos de Noé. Por ejemplo, a juzgar por los detalles dados en el libro de Job, incluyendo la duración de su vida, Job fue probablemente contemporáneo cercano de Abraham. Job y sus amigos (aunque pésimos consejeros) tenían una cabal confianza en el Dios de sus antepasados. Vivieron en la región de Uz. La ubicación precisa no es segura, pero es claro que estaba en el Medio Oriente (Jeremías 25.20) pero no en las inmediaciones de Ur de los Caldeos, donde vivía la familia de Abraham. Así, el remanente que todavía adoraba a Jehová no estaba confinado a ninguna ubicación en particular ni limitado a ninguna familia. De hecho, el relato bíblico de la vida de Abraham también nos presenta a Melquisedec

(Génesis 14.18). Él representaba una orden de sacerdotes itinerantes que conocían al verdadero Dios y le servían. Abraham se encontró con Melquisedec en algún lugar de la región del Mar Muerto. Claramente, existía en los tiempos de Abraham un remanente de adoradores fieles de Jehová.

El propósito del Señor al elegir y llamar a Abraham fue hacer de él el padre de una gran nación que sería su testigo en el mundo. Esa nación, Israel, estaría formalmente comprometida con Jehová. A través de ellos, la verdad se mantendría viva y preservada a perpetuidad. La Escritura dice que «los oráculos de Dios» les fueron entregados a ellos (Romanos 3.2). En otras palabras, de la nación que se formaría a partir de Abraham se levantarían profetas. Por medio de ellos se entregarían las Escrituras a la humanidad. Dios viviría en medio de ellos y pondría allí su santuario. De su linaje se levantaría un Libertador, el Mesías. Y en Él, todas las naciones del mundo serían benditas (Génesis 18.18).

Sara por cierto tenía un papel fundamental en este plan. Abraham nunca llegaría a ser el patriarca de una gran nación si ella primero no era madre de su descendencia. Sara estaba consciente de las promesas del Señor para Abraham. Indudablemente, anhelaba ver cumplidas esas promesas.

En la medida que permanecía sin hijos, no obstante, la impresión de que todo dependía de ella debe haberla presionado como una gran carga sobre sus hombros.

Su viaje a la tierra de la promesa

Al parecer, Dios le habló a Abraham cuando todavía era un hombre joven que vivía en Ur, diciéndole: «Vete de tu tierra y de tu parentela, y de la casa de tu padre, a la tierra que te mostraré» (Génesis 12.1).

Abraham obedeció y Hebreos 11.8 expresamente lo elogia por su obediencia: «Por la fe Abraham, siendo llamado, obedeció para salir al lugar que había de recibir como herencia; y salió sin saber a dónde iba». Pero el viaje era largo y lento. Pareciera que Abraham no se separó de inmediato de su familia y de la casa de su padre. En vez de eso, llevó a su padre consigo. Es posible que al principio se haya sentido algo reticente a cortar de inmediato los lazos familiares.

De hecho, por el modo como la Escritura relata la primera etapa del movimiento desde Ur de los Caldeos, pareciera que el padre de Abraham, Taré, todavía estaba actuando como cabeza de toda la familia: «Y tomó Taré a Abram su hijo, y a Lot hijo de Harán, hijo de su hijo, y a Sarai su nuera, mujer de Abram su hijo, y salió con ellos de Ur de los caldeos, para ir a la tierra de Canaán; y vinieron hasta Harán, y se quedaron allí (Génesis 11.31). Evidentemente, Taré estaba todavía a cargo. La Escritura lo presenta como el jefe del viaje, con Abraham, Sara y Lot tras él.

Pero la primera etapa del viaje los llevó hasta Harán, aproximadamente unos 1.100 kilómetros hacia el noroeste, siguiendo el curso del Eufrates. Quizás Taré era demasiado viejo para seguir viajando. No sabemos cuánto tiempo Abraham y Sara se quedaron en Harán. Pero no continuaron sino hasta que murió Taré, algún tiempo después. La Escritura dice que Taré tenía más de doscientos años cuando murió, y Abraham era de setenta y cinco cuando finalmente partió de Harán hacia la tierra prometida.

Eso quiere decir que Sara tenía sesenta y cinco, justo la edad en que la mayoría de las personas piensa que es la ideal para jubilarse. Sara de ninguna manera era *joven*, ni siquiera para el esquema de la era patriarcal, cuando las personas vivían mucho más tiempo y permanecían ágiles, sanos y vigorosos aún pasados los sesenta. La vida de un nómada podía ser difícil para alguien de sesenta y cinco. Y sin embargo no hay ninguna señal de que ella se mostrara reticente o de mala voluntad para ir con Abraham a una tierra que ninguno de ellos había visto jamás.

De hecho, lo que sabemos de Sara nos indica que lejos de quejarse, fue con Abraham con entusiasmo, ansiosa y gustosamente. Era absoluta y totalmente devota de su marido. Sabiendo que Dios quería hacerlo padre de una gran nación, su mayor anhelo era dar a luz al niño que pondría en acción todo ese proceso.

Al dejar Harán después de enterrar a su padre, Abraham aún tenía una enorme caravana. La Escritura nos dice que, «Tomó, pues, Abram a Sarai su mujer, y a Lot hijo de su hermano, y todos sus bienes que habían ganado y las personas que habían adquirido en Harán, y salieron para ir a tierra de Canaán; y a tierra de Canaán llegaron» (Génesis 12.5).

Este relato sugiere que la etapa final del viaje para Canaán fue sin interrupciones. Fueron 563 kilómetros a pie (más de mil seiscientos kilómetros desde Ur). Con una caravana grande, avanzando entre ocho y diez millas como promedio diario, el viaje entre Harán y Canaán debe haber durado aproximadamente unas seis o siete semanas.

Al parecer, Abraham no se detuvo sino hasta haber llegado a Betel, una área fértil con abundantes manantiales.

Su primer acto allí fue levantar un altar de piedra. En ese momento, el Señor se le apareció. Amplió su promesa original, añadiendo que daría toda la tierra que lo rodeaba a sus descendientes. Y, aunque Abraham y Sara permanecieron como nómadas y errantes por el resto de sus días, este lugar y altar representó su ancla. (Este fue el mismo lugar donde su nieto, Jacob, sería visitado por Jehová después, y donde tuvo el famoso sueño con una escalera que llegaba hasta el cielo.)

Pero las circunstancias forzaron a Abraham a seguirse moviendo hacia el sur.

«Hubo entonces hambre en la tierra, y descendió Abram a Egipto para morar allá; porque era grande el hambre en la tierra» (Génesis 12.10).

Allí fue donde, por primera vez, Abraham trató de hacer pasar a Sara como su hermana. Hizo esto por temor de que si el faraón sabía que ella era su esposa, lo mataría para obtener a Sara. Aquí vaciló la gran fe de Abraham. Sucumbió por miedo a los hombres. Si él hubiera simplemente confiado en Dios, el Señor habría protegido a Sara (como lo hizo de todos modos).

Pero la Escritura dice que aún antes de entrar en Egipto, Abraham discutió con Sara sobre los peligros de este lugar para un hombre con una mujer hermosa. «Cuando te vean los egipcios, dirán: Su mujer es; y me matarán a mí, y a ti te reservarán la vida» le dijo (Génesis 12.12). Y así, ante la sugerencia de Abraham, ella aceptó pasar como su hermana (v. 13). Los motivos de Abraham fueron egoístas y cobardes, y la escena refleja una seria debilidad en su fe. Pero la dedicación de Sara para con su marido es, no obstante, loable y Dios la honró por eso.

Los guardias la vieron, le advirtieron al faraón de su presencia y la llevaron al palacio. La Escritura dice que el faraón demostró favor por su «hermano» Abraham, a causa de Sara, prodigándole ganados, al parecer con la expectativa de pedir su mano en matrimonio (v. 16). Mientras tanto, por la providencia de Dios, el faraón no la violó (v. 19). Y para asegurarse que no lo hiciera, el Señor hirió su casa con «grandes plagas» (v. 17).

De algún modo el faraón descubrió la razón de las pestes, y confrontó a Abraham por este engaño, expulsando al patriarca y a su esposa de Egipto (Génesis 12.19-20). No obstante, preocupado por asuntos más urgentes, no hizo daño a ninguno de ellos, y cuando Abraham dejó Egipto, la predilección del faraón por Sara hizo de él un hombre muy rico (Génesis 13.22). Él y Sara volvieron a Betel, «al lugar del altar que había hecho allí antes; e invocó allí Abram el nombre de Jehová» (Génesis 13.4).

De ahora en adelante, el Señor mismo sería su morada. Juntos habitarían como extranjeros «en la tierra prometida como en tierra ajena, morando en tiendas... porque esperaba la ciudad que tiene fundamentos, cuyo arquitecto y constructor es Dios» (Hebreos 11.9-10). Esto resume mejor que ningún otro relato la vida terrenal que Sara heredó cuando decidió por fe seguir a su marido: todas las contrariedades terrenales fueron mitigadas por la promesa de bendición eterna.

SU ANHELO POR LA BENDICIÓN PROMETIDA

Recuerde: Abraham y Sara provenían de un entorno urbano. No eran, como se presume comúnmente, nómades o beduinos que deambularon de allá para acá y de aquí para allá durante toda su vida porque era lo único que conocían. Mantenga en mente que no *partieron* de viaje sino hasta cuando Abraham estaba en la mitad de los setenta y Sara era solo una década menor. La vida errante no era algo a lo que Sara estuviese acostumbrada; era algo que debió aprender a aceptar.

¿Qué fue lo que dio energía a la buena voluntad de Sara para dejar por completo su entorno familiar, romper los lazos con su familia y comprometerse a una vida errante sin raíces?

Nótese la naturaleza de la vasta promesa de Dios a Abraham: «Y haré de ti una nación grande, y te bendeciré, y engrandeceré tu nombre, y serás bendición. Bendeciré a los que te bendijeren, y a los que te maldijeren maldeciré; y serán benditas en ti todas las familias de la tierra»(Génesis 12.2-3). Esa es la primera pista oficial que tenemos del pacto abrahámico, una promesa formal de Dios para con Abraham y su descendencia para siempre. La promesa de Dios era incondicional y literalmente ilimitada en el alcance de su bendición. Dios bendice a Abraham, haciéndolo a la vez a él una bendición para todo el mundo (Gálatas 3.9-14). Pero la bendición prometida tenía implicaciones eternas.

En otras palabras, la redención del pecado y los medios de la salvación del juicio divino eran parte y fondo de la promesa (Gálatas 3.8, 16-17). Sara comprendió esa promesa. De acuerdo con la Escritura, lo creyó.

Sabemos sin discusión, desde una perspectiva neotestamentaria, que el pacto de Dios con Abraham, fue una afirmación de la misma promesa mesiánica que Dios, ya había hecho a Eva en el jardín, cuando le dijo que su simiente aplastaría la cabeza de la serpiente. Como Cristo es la Simiente de la mujer que derrota a la serpiente, Él es también la Simiente de Abraham mediante la cual todo el mundo sería bendecido. Pablo escribió: «Ahora bien, a Abraham fueron hechas las promesas, y a su simiente. No dice: Y a las simientes, como si hablase de muchos, sino como de uno: Y a tu simiente, la cual es Cristo» (Gálatas 3.16). Esta misma promesa es el tema central que se extiende a través de toda la Escritura, desde Génesis 3, a su cumplimiento final en los últimos capítulos del libro de Apocalipsis.

Abraham fue el conducto humano a través del cual, el mundo vería la grandeza del plan redentor de Dios. Él comprendió eso. Sara también lo comprendió y lo aceptó. «Por la fe también la misma Sara, siendo estéril, recibió fuerza para concebir; y dio a luz aun fuera del tiempo de la edad, porque creyó que era fiel quien lo había prometido» (Hebreos 11.11).

Pero, a pesar de su fe, ella sabía desde una perspectiva humana que los muchos años de esterilidad se cernían como una amenaza para la satisfacción de la promesa de Dios. Sara debe haber ponderado esto constantemente, y con el tiempo, el peso de su carga iba en aumento.

Pero Dios se guardó de darle razones para su esperanza. En Génesis 15.7-21, Jehová repitió y amplió su promesa a Abraham, ratificando formalmente el pacto. Es significativo que el versículo 12 dice que un sueño profundo cayó sobre Abraham; *entonces* el Señor por su propia mano llevó a cabo la ceremonia del pacto. (A propósito, la palabra hebrea usada en el versículo 12 es la misma que describe el «profundo sueño» en el que cayó Adán cuando el Señor le sacó la costilla para hacer a Eva.) Este detalle sobre el sueño de Abraham se da para destacar que el pacto fue totalmente incondicional. El acuerdo fue la promesa unilateral de Dios a Abraham acerca de lo que Él, Jehová, haría. No hubo ninguna demanda, ni de Abraham, ni de Sara. Fue un pacto completamente unilateral.

Si Sara se hubiera dado cuenta de esa verdad y la hubiera aceptado, su pesada carga le habría sido quitada en un instante.

Su desatino en el caso Agar

En lugar de eso, Sara asumió la responsabilidad de idear un plan que era tan desacertado y tan carnal, que haría que lo lamentara por el resto de sus días. Como era previsible, las consecuencias malignas de ese acto tuvieron increíbles repercusiones de largo alcance. Claramente, algunas de las tensiones que vemos hoy en Medio Oriente, tienen sus raíces en el audaz truco de Sara, para tratar de inventar una solución humana a su dilema.

Tratando de ser justos, tenemos que reconocer que desde un punto de vista puramente humano, es comprensible que Sara perdiera las esperanzas. Habían pasado diez infructuosos años desde que Abraham y Sara habían llegado a Canaán (Génesis 16.3). Sara tenía ahora setenta y cinco años, era posmenopáusica, y aún sin hijos. Si Dios planeaba hacerla la madre del heredero de Abraham, ¿por qué no lo había hecho ya? Era natural que pensara que Dios estaba reteniendo sus hijos deliberadamente. Como de hecho lo fue. Cuando vino el tiempo para que su promesa se cumpliera, nadie pudo negar que ésta era efectivamente la obra de Dios. Su plan era que Sara tuviera su primer niño en la vejez, una vez que se hubiera agotado toda posibilidad natural del cumplimiento de la profecía, y después que todas las razones terrenales para la esperanza estuvieran totalmente muertas. Así, Jehová desplegaría su poder.

Pero cuando consideró sus circunstancias, Sara concluyó que un tipo de paternidad sustitutiva sería la única solución posible para su problema. Si la promesa de Dios a Abraham iba a cumplirse, Abraham tenía que procrear hijos por cualquier medio. Así Sara tomó para sí, la tarea de idear el cumplimiento de la promesa divina. Inconscientemente asumió el papel de Dios.

Sara tenía una criada llamada Agar, que había adquirido durante su estada en Egipto. Sara pensó que puesto que ella era su dueña, si Abraham procreaba un niño en Agar, éste sería de hecho un niño suyo. «Dijo entonces Sarai a Abram: Ya ves que Jehová me ha hecho estéril; te ruego, pues, que te llegues a mi sierva; quizá tendré hijos de ella. Y atendió Abram al ruego de Sarai» (Génesis 16.2).

Este fue el primer caso de bigamia registrado en la Escritura que involucra a un hombre justo. El verdadero primer bígamo del relato bíblico fue Lamec (Génesis 4.19), un descendiente malo de Caín.

(No confundir con el otro Lamec de Génesis 5.25-29 padre de Noé y descendiente por la línea de Set.)

Ante la sugerencia de su esposa, Abraham tomó una concubina. «Y Sarai mujer de Abram tomó a Agar su sierva egipcia, al cabo de diez años que había habitado Abram en la tierra de Canaán, y la dio por mujer a Abram su marido» (Génesis 16.3). Esto constituyó un lamentable precedente para el patriarca de la nación que se iba a crear. En las próximas generaciones, Jacob sería engañado por su tío al casarlo tanto con Lea como con Raquel (29.23-31); David tomaría concubinas (2 Samuel 5.13); y Salomón llevaría la poligamia a un extremo casi increíble llegando a mantener un harén de más de mil mujeres (1 Reyes 11.1-3).

No obstante, el diseño de Dios para el matrimonio fue desde el principio la monogamia. «Por esto el hombre dejará padre y madre, y se unirá a su mujer, y *los dos* serán *una sola carne*» (Mateo 19.4-5, énfasis añadido). Del mismo modo, Pablo aclaró cuál es, para Dios, el ideal del matrimonio: «Cada uno tenga *su propia mujer*, y cada una tenga *su propio marido* (1 Corintios 7.2, énfasis añadido). La desobediencia a ese precepto siempre ha tenido consecuencias funestas. La poligamia en el corazón de David lo llevó a pecar con Betsabé. Los flirteos maritales de Salomón destruyeron y dividieron su reino (1 Reyes 11.4). Nada bueno ha venido nunca del quebrantamiento del principio monógamo «una sola carne». La unión de Abraham con Agar ciertamente no es la excepción.

Tan pronto como Agar concibió, Sara supo que había sido un grave error. Agar se puso arrogante e irrespetuosa con Sara: «Y cuando vio que había concebido, miraba con desprecio a su señora» (Génesis 16.4).

Aquí, entonces, vemos el primer estallido del temperamento de Sara. «Entonces Sarai dijo a Abram: Mi afrenta sea sobre ti; yo te di mi sierva por mujer, y viéndose encinta, me mira con desprecio; juzgue Jehová entre tú y yo» (Génesis 16.5).

Es cierto que Sara estaba siendo irracional. Todo este plan sórdido fue, después de todo, su gran idea. Sí. Como cabeza espiritual de la familia, Abraham debió haber rechazado el plan de Sara, pero a pesar de eso no podía echársele toda la culpa a él. Por otro lado, era cierto que Agar provocaba a Sara deliberadamente. Su trato insolente para con su señora no tenía excusa. Sin duda, Agar sabía muy bien el extremo dolor que sentía Sara por su esterilidad. Ahora estaba de adrede poniendo sal en la herida. Puesto que Agar era la criada y Sara la señora, ésta era la más descarada clase de atrevimiento deliberado.

Una sección del libro de Proverbios trata precisamente esta situación:

> *Por tres cosas se alborota la tierra, Y la cuarta ella no puede sufrir:*
> *Por el siervo cuando reina; por el necio cuando se sacia de pan; por*
> *la mujer odiada cuando se casa; y por la sierva cuando hereda a su*
> *señora (Proverbios 30.21-23).*

La verdad, sin embargo, es que cada participante en este asunto fue culpable y todos terminaron cosechando el amargo fruto que habían sembrado.

Abraham reconoció la legitimidad de la queja de Sara. Podría haber sido sabio para actuar como árbitro y buscar una solución justa para ambas mujeres. Pero dada la disposición de Sara en ese momento, hizo lo que la mayoría de los maridos haría y dejó que Sara se las arreglara con Agar a su modo. «Y respondió Abram a Sarai: He aquí, tu sierva está en tu mano; haz con ella lo que bien te parezca» (Génesis 16.6).

Para comprender la extrema frustración de Sara, sigamos a Agar por un momento. Note primero que aunque Sara trató con crueldad a su sierva, el Señor mostró gracia extrema para con esta. El Ángel del Señor la buscó. Con toda probabilidad, éste no era ningún ángel creado, sino una manifestación visible de Jehová mismo en forma angelical o humana. (Me inclino a pensar que este ángel era en realidad el Hijo de Dios pre encarnado. Encontramos al mismo ángel varias veces en el Antiguo Testamento, incluyendo Génesis 22.11-18; Éxodo 3.2-5 y 1 Reyes 19.5-7.) Nótese que se dirigió a Agar en primera persona, como Jehová, y no en tercera persona, como un mensajero angelical que hablaba sobre lo que Jehová haría.

Sus palabras para Agar fueron gentiles y llenas de misericordia. Primero le preguntó de dónde venía y hacia dónde iba. Se refirió a ella directamente como «Agar, sierva de Sarai», para dejar muy en claro quien era y recordarle su deber. Luego, para hacer esto explícito, cuando Agar respondió con sinceridad, el Ángel le dijo: «Vuélvete a tu señora, y ponte sumisa bajo su mano» (Génesis 16.9). Como criada obligada legalmente, no tenía derecho a huir, por lo que tuvo que volver y obedecer en humildad.

El Ángel, entonces, hizo una promesa asombrosa, que Agar jamás habría pensado en solicitar: «Multiplicaré tanto tu descendencia, que no podrá ser contada a causa de la multitud» (Génesis 16.10). Proféticamente, le describía a su hijo no nacido, diciendo que lo llamaría Ismael y que sería fiero viviendo en medio de sus hermanos (16.12).

Ella, en cambio, lo reconoció por un nombre único: «El-Roi» o «el Dios que ve», en referencia al ojo omnisciente que la siguió y la vio incluso cuando trató de esconderse (16.13).

Piense en esto, sin embargo: Sara nunca había recibido tal promesa de Dios. La fe de Sara residía en las promesas que Dios había hecho a Abraham. Es más, Sara nunca había sido nombrada en el pacto que Dios hizo con Abraham. Dios ya había confirmado su promesa a Abraham al menos en tres ocasiones: Primero, le dijo que sería el padre de una gran nación (12.3); luego, le prometió que su simiente sería tan numerosa como el polvo de la tierra: «Y haré tu descendencia como el polvo de la tierra; que si alguno puede contar el polvo de la tierra, también tu descendencia será contada (Génesis 13.16).

Cuando Abraham recordó al Señor que todavía carecía de un legítimo heredero, Dios volvió a prometer que la simiente de Abraham sería de tal cantidad como las estrellas del cielo (15.1-6).

En ninguna de esas ocasiones Dios dijo expresamente que Sara sería la madre de la nación en cuestión. Esa era su esperanza y su expectativa.

Pero el episodio con Agar muestra que la esperanza de Sara estaba empezando a decaer. Se estaba desalentando gradualmente.

SU PERSEVERANCIA A TRAVÉS DE AÑOS DE SILENCIO

Cuando nació Ismael, la Escritura dice que Abraham tenía ochenta y seis años (Génesis 16.16). Los trece años más frustrantes en la vida de Sara fueron los que siguieron a este hecho. Seguía siendo estéril. A esa altura tenía ochenta y nueve años y había vivido en Canaán durante veinticuatro años. Su marido estaba a punto de celebrar su cumpleaños número cien. Si su esperanza no estaba completamente destrozada, debe haber estado colgando de un hilo muy delgado.

Aquí es donde destaca la grandeza de la fe de Sara. Había abrigado esa esperanza durante tanto tiempo. Los años habían llegado y se habían ido. Ahora era una anciana, y sin importar cuán a menudo trataban ella y Abraham de concebir, la promesa todavía no se cumplía. La mayoría de las mujeres se habría rendido mucho antes. Una mujer menos firme habría perdido la esperanza de ver cumplida la promesa de Jehová y se habría volcado al paganismo. Pero se nos recuerda otra vez que Sara «creyó que era fiel quien lo había prometido» (Hebreos 11.11). Esto es lo que la hizo tan extraordinaria.

Finalmente, cuando Abraham tenía noventa y nueve años, el Señor se hizo presente otra vez y una vez más renovó el pacto. Fue una muy importante reposición del pacto. El pasaje es largo, y no hay suficiente espacio aquí para analizarlo en detalle, pero el Señor otra vez reiteró y amplió las promesas esenciales que había hecho a Abraham. Cada vez que vinieron las promesas, éstas fueron más grandes: «He aquí mi pacto es contigo, y serás padre de muchedumbre de gentes» (Génesis 17.4). No solo «una gran nación»; no simplemente descendientes tan numerosos como las estrellas o el polvo, sino «muchas naciones». A este hombre envejecido que se las había arreglado para procrear solo a un hijo (y eso por los medios menos honorables), Dios le dijo: «Y te multiplicaré en gran manera, y haré naciones de ti, y reyes saldrán de ti (Génesis 17.6).

Fue también en este punto que Dios dio su nombre a Abraham, cambiándolo por su nombre de nacimiento, Abram (17.5). *Abram* significa «padre eminente»; *Abraham*, «padre de muchas naciones».

El Señor extendió también el pacto abrahámico a las demás generaciones, haciendo de toda la región de Canaán «una heredad perpetua» para Abraham y sus descendientes para siempre (17.7-8). Finalmente, Dios dio a Abraham la señal de la circuncisión, con instrucciones de cómo practicarla (17.10-14). La circuncisión fue la señal y el sello formal del pacto. Todo lo concerniente a este pacto estaba ahora en su lugar.

Significativamente, al comienzo del capítulo, Jehová se reveló a Abraham con un nuevo nombre: «Dios todopoderoso», *El Shaddai* en hebreo (17.1). El nombre deliberadamente exaltaba la omnipotencia de Dios. Después de oír esta promesa tantas veces, Abraham debe haberse preguntado si alguna vez vería al hijo que encarnaba su cumplimiento. El nombre era un recuerdo sutil para Abraham de que nada era imposible para Dios.

Habiendo dicho esto, el Señor se concentró en Sara. Por primera vez en el relato, Él específicamente incluye a Sara por nombre en las promesas del pacto: «Dijo también Dios a Abraham: A Sarai tu mujer no la llamarás Sarai, mas Sara será su nombre. Y la bendeciré, y también te daré de ella hijo; sí, la bendeciré, y vendrá a ser madre de naciones; reyes de pueblos vendrán de ella (Génesis 17.15-16). Quitando el pronombre posesivo («mi»), el Señor estaba eliminando el aspecto limitante de su nombre, puesto que ella iba a ser ancestro de muchas naciones.

No hay indicación de que Sara estuviera presente oyendo esto; el contexto sugiere que no fue así. Podemos tener la certeza que fue Abraham quien *se lo dijo* la primera vez. Note su reacción: «Entonces Abraham se postró sobre su rostro, y se rió, y dijo en su corazón: ¿A hombre de cien años ha de nacer hijo? ¿Y Sara, ya de noventa años, ha de concebir?» (Génesis 17.17) Probablemente en esa risa hubo más alivio y alegría que incredulidad. Podemos comprender el asombro de Abraham, matizado con una pizca de incertidumbre. Pero no lo confundamos con la incredulidad. En Romanos 4.20-21, el apóstol Pablo habla de esto mismo, y dice que Abraham «tampoco dudó, por incredulidad, de la promesa de Dios, sino que se fortaleció en fe, dando gloria a Dios, plenamente convencido de que era también poderoso para hacer todo lo que había prometido».

Abraham también clamó a Dios para que no se olvidara de Ismael, en ese momento de trece años y sin duda amado por su padre. «Y dijo Abraham a Dios: Ojalá Ismael viva delante de ti» (Génesis 17.18).

El Señor inmediatamente reiteró la promesa concerniente a Sara: «Ciertamente Sara tu mujer te dará a luz un hijo, y llamarás su nombre Isaac; y confirmaré mi pacto con él como pacto perpetuo para sus descendientes después de él» (v. 19). La promesa del pacto tendría su cumplimiento en el hijo de Sara, no en el de Agar (Gálatas 4.22-28).

Todavía el Señor tenía una cosa más que decir: «Y en cuanto a Ismael, también te he oído; he aquí que le bendeciré, y le haré fructificar y multiplicar mucho en gran manera; doce príncipes engendrará, y haré de él una gran nación. Mas yo estableceré mi pacto con Isaac, el que Sara te dará a luz por este tiempo el año que viene (Génesis 17.20-21). Desde el principio había aquí una promesa con fecha fija, que garantizaba a Sara su lugar en el pacto. Con eso, la entrevista estaba terminada, y la Escritura dice: «Y acabó de hablar con él, y subió Dios de estar con Abraham»(v. 22).

Abraham debe haber buscado de inmediato a Sara para contarle lo que el Señor le había dicho. Cualquiera haya sido su reacción, ella sin duda comprendió que *Abraham* había creído en la promesa, porque se circuncidó de inmediato y también cada varón en su familia «nacido en la casa o comprado como extranjero»(vv. 23-27).

Su felicidad por el cumplimiento de la promesa

La próxima vez que el Señor apareció ante Abraham, uno de sus propósitos expresos fue renovar la promesa a favor de Sara de modo que ella pudiera escucharla con sus propios oídos.

Génesis 18 describe cómo el Señor visitó a Abraham acompañado de dos ángeles. Abraham los vio de lejos, y (quizás aún antes que se diera cuenta quiénes eran) Sara empezó los preparativos de una comida para ellos. Les ofreció «un poco de agua... (y), y un bocado de pan», pero en realidad les preparó un medio becerro ofreciéndoles un verdadero banquete (Génesis 18.4-8). La buena voluntad de Sara para atender a los huéspedes minuciosamente y con tan poca anticipación es una de las pruebas de su sumisión a Abraham que el apóstol Pedro destaca como modelo de esposa. Pedro escribió: «Porque así también se ataviaban en otro tiempo aquellas santas mujeres que esperaban en Dios, estando sujetas a sus maridos; como Sara obedecía a Abraham, llamándole señor» (1 Pedro 3.5-6). Este fue el primer ejemplo que a Pedro se le vino a la mente. De hecho, mientras Sara es presentada siempre como sumisa a Abraham, Génesis 18.12 es el único lugar del Antiguo Testamento donde se refiere a él como «mi señor».

Mientras estaban comiendo, los hombres preguntaron, «¿Dónde está Sara, tu mujer?» (Génesis 18.9) «Aquí, en la tienda», respondió Abraham sugiriendo que sabía que ella lo alcanzaba a oír. La Escritura describe los detalles de la conversación que siguió:

...Entonces dijo: De cierto volveré a ti; y según el tiempo de la vida, he aquí que Sara tu mujer tendrá un hijo. Y Sara escuchaba a la puerta de la tienda, que estaba detrás de él. Y Abraham y Sara eran viejos, de edad avanzada; y a Sara le había cesado ya la costumbre de las mujeres. Se rió, pues, Sara entre sí, diciendo: ¿Después que he envejecido tendré deleite, siendo también mi señor ya viejo? Entonces Jehová dijo a Abraham: ¿Por qué se ha reído Sara diciendo: ¿Será cierto que he de dar a luz siendo ya vieja? ¿Hay para Dios alguna cosa difícil? Al tiempo señalado volveré a ti, y según el tiempo de la vida, Sara tendrá un hijo. Entonces Sara negó, diciendo: No me reí;

porque tuvo miedo. Y él dijo: No es así, sino que te has reído (Génesis
18.10-15).

La risa de Sara (igual que antes la de Abraham) parece haber sido
una exclamación de gozo y de asombro más que de duda. Incluso
cuando el Señor pregunta, «¿Por qué Sara se rió?», ella lo niega. Esa
negación fue motivada por el temor. Estaba asustada porque no se
había reído en voz alta, sino «dentro de sí». Tan pronto como se dio
cuenta que este desconocido tenía tan seguro y minucioso conocimiento de su corazón, supo al instante, y sin ninguna duda, que
aquello era del Señor.

El año siguiente fue un año difícil y muy atareado para Abraham
y Sara. Fue el año en que Dios destruyó a Sodoma y Gomorra
(Génesis 18.16–19.29). Y durante ese mismo tiempo, Abraham
viajó hacia el sur otra vez, esta vez a la nación gobernada por
Abimelec, rey de Gerar. Sara, aunque ahora de noventa años,
todavía era lo suficientemente hermosa para agitar las pasiones de
un rey. Lo que había ocurrido en Egipto veinticinco años antes
volvió a suceder. Abraham trató de presentar a Sara como su
hermana, y Abimelec, prendado de su belleza, comenzó a perse-
guirla. Pero Dios protegió a Sara, advirtiéndole a Abimelec en un
sueño que era la esposa de Abraham (Génesis 20.3). La Escritura
subraya el hecho de que Dios no permitió que Abimelec la tocara
(20.6), para que no hubiera ninguna duda respecto del niño que ella
pronto daría a luz.

Abimelec, quien se asustó mucho cuando Jehová se le apareció
en sueños, fue gentil con Abraham y con Sara. Fue pródigo en
regalos para Abraham y le dijo: «He aquí mi tierra está delante de
ti; habita donde bien te parezca» (Génesis 20.15). A Sara le dijo:
«He aquí he dado mil monedas de plata a tu hermano; mira que él

te es como un velo para los ojos de todos los que están contigo, y para con todos» (Génesis 20.16).

Según la Escritura, inmediatamente después de ese incidente, «visitó Jehová a Sara, como había dicho, e hizo Jehová con Sara como había hablado. Y Sara concibió y dio a Abraham un hijo en su vejez, en el tiempo que Dios le había dicho (Génesis 21.1-2). Sara le puso por nombre Isaac, que quiere decir «risa». Y dijo: «Dios me ha hecho reír, y cualquiera que lo oyere, se reirá conmigo»(21.6). Así ella confesó la risa que anteriormente había tratado de negar.

Aquí se nos da una fascinante mirada introspectiva al verdadero carácter de Sara por el hecho que ella vio humor genuino en la forma como Dios la trataba. «¿Quién dijera a Abraham que Sara habría de dar de mamar a hijos? Pues le he dado un hijo en su vejez» (v.7) A pesar de sus ocasionales estallidos de humor y su batalla con el desaliento, Sara era, por lo general, una mujer afable. Después de esos largos años de amarga frustración, todavía podía apreciar la ironía y disfrutar de la comedia de llegar a ser madre en la vejez. Ahora se realizaba la ambición de su vida y el recuerdo de años de amarga decepción desapareció rápidamente de su vista.

Dios había sido fiel en verdad.

SU DUREZA PARA TRATAR A ISMAEL

Sara tiene un papel principal en solo un episodio más narrado en la Escritura. Por lo que sabemos de esa cultura, Isaac fue destetado definitivamente cuando ya un niño de unos dos o tres años. La Escritura dice: «E hizo Abraham gran banquete el día que fue destetado Isaac» (21.8). Era una ocasión para celebrar. Pero algo pasó que fue la gota que rebalsó el vaso de Sara en su larga lucha por aceptar a Agar como concubina de su esposo. Vio a Ismael burlándose de Isaac (v.9). La Escritura no dice *por qué* se burlaba Ismael. Probablemente haya sido por alguna causa insignificante e infantil. Como cualquier padre lo podría confirmar, tal comportamiento no tiene nada de extraño en un niño de la edad de Ismael. No tendría más de catorce años en esa fecha, recién saliendo de la niñez para entrar en la adolescencia, lo bastante mayor para ser responsable de sus actos pero no para ser sabio.

Pero fue demasiado para que Sara lo soportara. Inmediatamente dijo: «Echa a esta sierva y a su hijo, porque el hijo de esta sierva no ha de heredar con Isaac mi hijo» (v.10).

Para Abraham, toda la alegría de la fiesta se esfumó en un instante. Después de todo, Ismael era su hijo primogénito. Lo amaba de verdad. Recuerde su primera súplica al Señor: «Ojalá Ismael viva delante de ti» (Génesis 17.18).

¿Estaba siendo Sara demasiado severa? En realidad, no. En la práctica, cualquier mujer forzada a compartir su marido con una concubina respondería a la situación del mismo modo. Ella era la verdadera esposa de Abraham. Agar era una intrusa. Además, de acuerdo con la promesa de Dios mismo, Isaac era el verdadero heredero de Abraham, prometido por Dios para ser aquel por medio del cual la promesa tendría su pleno cumplimiento. Las cosas se enredaron más allá de la medida para Ismael, al estar en posición de alegar el derecho de primogénito por sobre el verdadero heredero nombrado por Dios para suceder a Abraham.

Cuanto más permaneciera Ismael en tal condición, más era una amenaza al propósito de Dios para Abraham.

Así que, lo que puede parecer a primera vista como una reacción extrema no fue sino otra prueba de la gran fe de Sara en la promesa divina. Dios mismo confirmó la sabiduría de su demanda: «Entonces dijo Dios a Abraham: No te parezca grave a causa del muchacho y de tu sierva; en todo lo que te dijere Sara, oye su voz, porque en Isaac te será llamada descendencia»(21.12).

Ismael no fue de ningún modo abandonado. El Señor prometió hacer de él también una gran nación, «porque es tu descendencia»(v.13). En consecuencia, se apareció a Ismael y a Agar en su apuro y prometió cubrir todas sus necesidades (v.14-21). Además, entre Ismael e Isaac se mantuvo algún tipo de relación familiar porque cuando Abraham murió, ambos hijos enterraron a su padre al lado de Sara (Génesis 25.9-10).

El apóstol Pablo usa la expulsión de Agar como una ilustración del conflicto entre la ley y la gracia. Lo llama «una alegoría»(Gálatas 4.24), pero no debemos pensar que con ello está negando los hechos históricos que cuenta el Génesis. En vez de eso, los está tratando como tipología o, mejor aún, como una lección de vida. Agar, la sierva, representa la esclavitud del legalismo; es decir, el intento por ganar el favor de Dios por medio de las obras.

Sara, la esposa fiel, representa la perfecta libertad de la gracia. Pablo recuerda a los creyentes de Gálatas, «Así que, hermanos, nosotros, como Isaac, somos hijos de la promesa»(v.28), salvados por gracia, no esperando ser salvados por las obras. «Pero como entonces el que había nacido según la carne perseguía al que había nacido según el Espíritu, así también ahora»(v.29). Tal como Ismael se burlaba de Isaac, así los falsos maestros de Galacia perseguían a los fieles creyentes. ¿La conclusión de Pablo? «Echa fuera a la esclava y a su hijo, porque no heredará el hijo de la esclava con el hijo de la libre»(v.30). A pesar de lo brutal que parezca, hay un principio espiritual crucial, muy necesario y positivo en la expulsión de Agar e Ismael. Simboliza la verdad importante que el tipo de religión dependiente del esfuerzo humano (simbolizada por la trama carnal que concibe a Ismael como un cumplimiento artificial de la promesa de Dios), es completamente incompatible con la gracia divina (simbolizada por Isaac, el verdadero heredero). Y las dos se oponen una a la otra, de manera que ni siquiera pueden permanecer juntas.

LA FELICIDAD DE LOS ÚLTIMOS AÑOS

Después que Agar hubo sido expulsada, Sara regresó a una vida sana y monógama con su amado marido y su hijo, Isaac, que era un constante recuerdo para Sara y Abraham de la incondicional fidelidad de Dios. Hasta donde podemos saber, los restantes años los vivieron con alegría y paz.

Sara no aparece en la descripción bíblica ni siquiera cerca de Abraham para el sacrificio de Isaac. Todo el hecho es solo representado como una prueba de la fe de Abraham. Sara parece haber sido mantenida totalmente al margen de esto hasta que hubo concluido. Ocurrió en la región de Moriah (Génesis 22.2). (En generaciones posteriores, la ciudad de Jerusalén rodeó el área conocida como Moriah, y el monte, en el corazón de la ciudad, fue el sitio exacto donde de acuerdo con 2 Crónicas 3.1 estaba situado el templo). Moriah estaba aproximadamente a setenta kilómetros de Beerseba, donde Abraham residía en ese entonces (Génesis 21.33-34). En todo caso, la fe de Sara ya había sido muy probada. Ella había demostrado desde mucho antes su confianza total en la promesa de Dios. Y el sello de la aprobación de Dios sobre ella está contenido en aquellos pasajes del Nuevo Testamento que la reconocen por su fidelidad constante.

A decir verdad, en la misma manera como la que el Nuevo Testamento retrata a Abraham como el padre espiritual de todos los que creen (Romanos 4.9-11; Gálatas 3.7), a Sara se la presenta como la madre espiritual y el antiguo arquetipo de todas las mujeres fieles (1 Pedro 3.6). Lejos de tomar en forma aislada esos ejemplos memorables donde Sara actuó muy mal, la celebra como el verdadero prototipo de una mujer adornada con «el incorruptible ornato de un espíritu afable y apacible» (1 Pedro 3.4).

Ese es el adecuado epitafio para esta mujer realmente extraordinaria.

3

Rahab: Una horrible vida redimida

...Salmón engendró de Rahab a Booz, Booz engendró de Rut a Obed,
y Obed a Isaí. Isaí engendró al rey David, y el rey David engendró a
Salomón de la que fue mujer de Urías.

Mateo 1.5-6

Cuando recién aparece Rahab en el relato bíblico, es una personalidad sin nada que destacar. En efecto, es presentada como «una ramera que se llamaba Rahab»(Josué 2.1). Si usted la hubiera conocido antes del gran giro de su vida, la habría descrito de inmediato como alguien sin ninguna esperanza. Era una mujer sin moral, que vivía en una cultura pagana y se dedicaba en forma fanática a todo lo que Dios odia. La cultura misma estaba al borde del juicio. Su largo descenso en el abismo de la corrupción moral y espiritual había sido intencional y ahora era irreversible.

Hasta donde sabemos, Rahab había sido una participante *voluntaria* en el libertinaje típico de su civilización. Se había beneficiado personalmente con el mal que impregnaba a toda esa sociedad.

Ahora que Dios había decidido la destrucción total de esa cultura debido a su extrema perversidad ¿por qué no tendría Rahab que recibir la justa recompensa por su propio pecado?

Hasta donde existe registro de su vida, no se señalan en absoluto cualidades sobre su vida que ameritan un trato distinto para ella. Por el contrario, tiene que haber estado en el mismísimo *sótano* de la jerarquía moral en una cultura gentil, que era tan absolutamente degenerada y tan excesivamente pagana como cualquiera sociedad de la historia del mundo. Era una propagandista de la baja moral que vivía del insaciable apetito de una cultura desenfrenada. Es difícil imaginar una candidata menos digna de merecer el honor divino. En Hebreos 11.31, sin embargo, donde se la identifica como «la ramera Rahab», es especialmente destacado su nombre por la grandeza de su fe, e incluso en Mateo 1 aparece en la genealogía de Cristo. ¿Extraordinario? En el caso de Rahab, esa palabra no es más que un eufemismo.

UN TRASFONDO HISTÓRICO

Rahab vivió en Jericó en la época de Josué. Su casa no estaba en algún callejón del pueblo sino justo sobre la famosa muralla (Josué 2.15). La pared debe haber sido lo suficientemente espaciosa como para poner sobre ella construcciones, un sendero o una calle. Casi con seguridad esta era una ubicación en la zona comercial más cara. Es justo asumir, entonces, que Rahab disfrutaba de éxito financiero excepcional gracias al comercio que practicaba.

Lamentablemente, su «comercio» era la prostitución. Se vendía con regularidad a los hombres más perversos en esa ya pervertida ciudad.

Jericó era parte del reino amorreo, grotescamente violento, depravado y pagano, tanto que Dios mismo lo condenó y ordenó a los israelitas que lo borraran de la faz de la tierra (Deuteronomio 20.17). A decir verdad, desde hacía largo tiempo —por lo menos

desde la época de Abraham— la cultura amorrea era total y malicio-
samente corrupta. Ese estilo pecaminoso de vida, fue una de las
razones por las que Dios, concedió esas tierras a Abraham y sus
herederos (Deuteronomio 18.12; 1 Reyes 21.26). El Señor había
prometido a Abraham que sus descendientes empezarían a poseer
esa región tan pronto se eliminara por completo, la perversidad de
los amorreos (Génesis 15.16). Ese tiempo había llegado ahora.
Aquella nación malvada había llegado al máximo nivel de tole-
rancia de Dios.

Rahab, por lo tanto, representaba el colmo de la vileza de la
cultura amorrea, a un punto en que colectivamente habían llenado
la medida de la perversidad humana, hasta sus mismos bordes.
Toda su vida había estado dedicada a la búsqueda profana de la
satisfacción carnal. Su subsistencia dependía por completo del mal.
Estaba esclavizada por la más diabólica forma de pasión, y sus
pecados la mantenían cautiva de una sociedad monstruosa,
marcada por la condena de Dios y la destrucción eterna. Pero la
gracia divina la salvó y la liberó de todo eso, arrancándola como una
rama del fuego.

Este es el escenario histórico para la historia de Rahab: Moisés
había muerto (Josué 1.1-2). La generación de israelitas que había
salido de Egipto, también. Más de un millón de israelitas habían
dejado Egipto bajo el liderazgo de Moisés (Éxodo 12.37). Debido
a la terquedad y a su persistente incredulidad, nadie de más de 20
años entraría a la tierra prometida en Cades-Barnea. Una generación entera fue condenada a morir en el desierto sin siquiera
vislumbrar la tierra prometida.

Hubo, sin embargo, dos excepciones (Números 14.30): Josué y
Caleb. Ambos habían explorado juntos la tierra prometida,
enviados por Moisés. Habían regresado entusiasmados con las pers-
pectivas que presentaba la nueva patria de Israel. Ratificaron lo que

Dios había dicho sobre esa tierra. Pero cuando los otros diez exploradores regresaron con un informe opuesto, desalentados y
advirtiendo sobre los peligros que tenían por delante, el pueblo de
Israel se negó a entrar. Escucharon la incredulidad de los pesimistas más que la promesa de Jehová. De inmediato, la nación
entera se amotinó contra Moisés y contra Dios (Números 13 y 14).
Fue la gota que colmó el vaso y la razón por la que Israel deambuló
durante cuarenta años. Fue una sentencia divina contra ellos,
debido a su incredulidad (Números 14.30-35). Al final, esa generación completa (excepto los dos hombres de fe) fue sepultada por
aquí y por allá en el desierto, llegando sus restos a ser consumidos
por la acción de los elementos (vv. 32-33).

Treinta y ocho años habían pasado desde esa rebelión en Cades-
Barnea. El libro de Josué comienza con los israelitas situados otra
vez en el umbral de Canaán, ahora cerca de Sitim (Josué 2.1; 3.1),
once kilómetros al este del río Jordán y casi al frente de Jericó.
Josué había sido nombrado como jefe de la nación en lugar de
Moisés. En Josué 1, el Señor le refuerza el valor y renueva las
promesas para que el pueblo pudiera entrar a la Tierra Prometida.
Al fin, el día esperado por esta generación durante toda su vida
estaba allí.

Sabiamente, tal cual como Moisés lo había hecho antes, Josué
envía espías para recoger información militar y estratégica sobre
qué había más allá del Jordán. Esta vez, sin embargo, Josué envió
solamente a dos hombres, diciéndoles: «Andad, reconoced la tierra,
y a Jericó» (2.1).

La Escritura dice simplemente: «Y ellos fueron, y entraron en
casa de una ramera que se llamaba Rahab, y posaron allí» (Josué
2.1). Así, Rahab es la primera persona que la Escritura nos presenta
en la Tierra Prometida. Por la providencia generosa de Dios, ella
sería uno de los ejes del triunfo militar de Israel. Toda su vida, su

carrera y su futuro cambiarían por su encuentro inesperado con los dos espías.

Esta es una increíble confluencia de fuerzas para bien: por una parte, una mujer pagana, solitaria, cuya vida hasta ahora no tenía nada de heroico y por otra, una nación entera de refugiados itinerantes, que habían vivido cuarenta años bajo la amonestación de Dios debido a la desobediencia de sus padres.

Pero la colaboración de Rahab con los espías fue el comienzo de la caída de Jericó. La derrota de Jericó fue la primera conquista dramática en una de las más grandes historias de campañas militares.

UN ACTO INESPERADO DE GENEROSIDAD

Josué 2.1-7 relata así lo ocurrido:

Josué hijo de Nun envió desde Sitim dos espías secretamente, diciéndoles: Andad, reconoced la tierra, y a Jericó. Y ellos fueron, y entraron en casa de una ramera que se llamaba Rahab, y posaron allí. Y fue dado aviso al rey de Jericó, diciendo: He aquí que hombres de los hijos de Israel han venido aquí esta noche para espiar la tierra. Entonces el rey de Jericó envió a decir a Rahab: Saca a los hombres que han venido a ti, y han entrado a tu casa; porque han venido para espiar toda la tierra. Pero la mujer había tomado a los dos hombres y los había escondido; y dijo: Es verdad que unos hombres vinieron a mí, pero no supe de dónde eran. Y cuando se iba a cerrar la puerta, siendo ya oscuro, esos hombres se salieron, y no sé a dónde han ido; seguidlos aprisa, y los alcanzaréis. Mas ella los había hecho subir al terrado, y los había escondido entre los manojos de lino que tenía puestos en el terrado. Y los hombres fueron tras ellos por el camino

del Jordán, hasta los vados; y la puerta fue cerrada después que
salieron los perseguidores.

Josué deliberadamente mantuvo en secreto el trabajo de los espías. Al parecer, ni siquiera los israelitas oyeron hablar de esta misión. Los exploradores tenían que reportarse a Josué, no a toda la nación (vv. 23-24). Josué no quería su opinión para que el pueblo discutiera si cruzaba el Jordán o retrocedían por miedo. No cometería ese error otra vez. En opinión general, Israel había llegado ya a un camino sin salida y esto les había costado casi cuarenta años. Josué estaba asumiendo la función de un comandante decidido. Evaluaría el informe de los espías personalmente y decidiría (con la ayuda del Señor, no con un voto del pueblo) la forma en que sus ejércitos procederían.

Jericó estaba en una ubicación estratégica, en el comienzo de dos rutas principales de las montañas circundantes; la del suroeste llevaba a Jerusalén, la del noroeste a Hai y más allá, a Betel. La conquista de Jericó le daría a Israel un importante punto de apoyo para poner el pie en toda la Tierra Prometida. No les preocupaba que Jericó estuviera fuertemente fortificada. La tarea de los espías era evaluar esas fortificaciones e informar a Josué.

Muy probable, los espías comenzaron su trabajo secreto poco antes del anochecer. El río Jordán está a unos doce kilómetros en dirección oeste. Una rápida caminata de dos horas los llevaría a la ribera. Había vados en las cercanías (v.7), donde el agua corría en sus niveles más altos y más bajos. Los hombres podían cruzar a nado o caminando. De ahí tenían doce kilómetros a pie hasta Jericó. (Incluso si se hubieran mojado al cruzar el río, esto les daría tiempo más que suficiente para estar secos a la llegada.) Entonces entrarían a la ciudad amurallada por cualquier medio y buscarían donde permanecer en la noche sin despertar sospechas.

Jericó era una ciudad grande y los visitantes iban y venían todo el tiempo. Los espías se las arreglaron para subir a la ciudad, antes que cerraran las puertas en la noche (v.5). La Escritura no dice cómo entraron. Suponemos que fueron capaces de encontrar una manera sin mayor dificultad. Quizás simplemente, se mezclaron con otros viajeros en la hora de mayor movimiento.

Una vez dentro, el lugar ideal para el alojamiento sería una posada o una casa sobre la pared misma. Desde allí podían evaluar las defensas de la ciudad. Una buena manera de evitar despertar sospechas, o atraer excesiva atención, sería encontrar un distrito sórdido donde *todos* comprenderían la necesidad de la discreción.

Su búsqueda los condujo a Rahab, una ramera, que era lo suficientemente próspera como para tener una casa en un sitio privilegiado sobre los muros. Tanto ella como su casa probablemente eran muy conocidas en Jericó. Había aquí una situación ideal para los espías. Es muy probable que les abriera la puerta sin preguntar quiénes eran. En su negocio, era esencial la confidencia. Debe haberles dado la bienvenida e invitado a entrar rápidamente, tal como lo hacía con todos sus clientes.

Por cierto, los israelitas espías no sacaron ventaja de estos propósitos inmorales. Quizás fue eso mismo lo primero que ganó su confianza. No estaban obviamente ahí para usarla o abusar de ella, algo muy diferente de todos los hombres con quienes trataba. Eran serios y estaban sobrios y no parecieron asustarla. Presumiendo, que la trataron con mucha dignidad y respeto mientras hacían un reconocimiento cuidadoso. Sin duda le explicaron quienes eran, y es casi seguro que le habrán dicho algo sobre Jehová. Por sobre cualquier otro interés, ellos continuaron con su tarea, quizás haciendo mediciones de la muralla y registrando detalles sobre las almenas y el panorama que se apreciaba desde allí.

La casa de Rahab era perfecta para sus propósitos. El puesto permitía mirar de cerca la muralla, que era la defensa principal de la ciudad. Pero la ubicación también hacía posible una rápida huída si era necesario. Por supuesto, las paredes de las ciudades eran diseñadas para alejar a los intrusos. Pero una persona sobre la pared, con una larga soga podía salir fácilmente. Por la providencia suprema de Dios, todo lo que ellos necesitaban estaba allí. También, por los designios soberanos de Dios, el corazón de Rahab estaba listo para creer en Jehová.

De alguna manera, se supo de la presencia de los espías tan pronto como entraron en la casa de Rahab. Todos en Jericó sabían, por supuesto, que el pueblo israelita entero estaba acampando al otro lado del río, a distancia de una caminata. Todos en Jericó habían oído de la huída del poder del faraón a través del Mar Rojo y la muerte del ejército egipcio (v. 10). La historia del andar errante en el desierto era también conocida en la región. Rahab misma les dijo a los espías que todos los habitantes de la región estaban temerosos debido a lo que habían escuchado sobre el trato de Dios con Israel. Sus palabras fueron: «Oyendo esto, ha desmayado nuestro corazón; ni ha quedado más aliento en hombre alguno por causa de vosotros, porque Jehová vuestro Dios es Dios arriba en los cielos y abajo en la tierra» (v. 11).

Sin embargo, aparte de Rahab, la gente de Jericó no parecía estar lo suficientemente temerosa del poder de Jehová o del poderío militar de Israel. A lo mejor los relatos acerca de los cuarenta años de vagar sin destino habían terminado por contrapesar el miedo de los cananeos respecto de la capacidad militar de ese pueblo. Cualquiera fuera la razón para su autocomplacencia, los residentes de Jericó estaban obviamente demasiado confiados en la seguridad de su fortaleza amurallada.

De todas maneras, se mantenían en guardia respecto de los intrusos, habiéndose dado órdenes estrictas de informar al rey sobre cualquier movimiento sospechoso. El «rey» funcionaba de la misma manera que un alcalde, pero tenía el control militar. Por lo tanto, había que notificarle si se descubría a los intrusos.

Es posible que alguien a quien los espías preguntaron por las direcciones dio la voz de alerta. O centinelas ubicados cerca de la casa de Rahab, los hayan visto, reconociéndolos como israelitas por su vestuario. Como quiera que sea, su presencia fue rápidamente reportada al rey de Jericó. La información incluía los detalles exactos respecto de dónde habían ido, de manera que el rey envió mensajeros a la casa de Rahab.

Aquí es donde Rahab nos sorprende completamente. Recuerde, ella se ganaba la vida vendiéndose para propósitos malvados. Es posible que se hubiera hecho acreedora a una buena recompensa si entregaba a los espías. Pero no lo hizo. Es más, los ocultó. Dio una información falsa a los soldados salvándoles así la vida, aunque eso la expuso a un alto riesgo. Obviamente, los representantes del rey sabían que los espías habían estado en su casa. Cuando fueron incapaces de encontrar alguna evidencia de que los hombres habían dejado la ciudad realmente, lo más probable es que volvieron a interrogar a Rahab. Ella puso su propia vida en peligro para proteger a estos extranjeros. Su repentina expresión de fe, por lo tanto, no solo es inesperada, sino que parece correr en sentido contrario, al instinto que por lo general motivaría a una mujer como ella.

Las acciones de Rahab para proteger a los espías envolvían una mentira. ¿Fue eso justificado? Al elogiarla por su fe, ¿la Escritura también excusa sus métodos? Personas correctas han argumentado sobre esa pregunta desde los comienzos de la historia rabínica. Enfrentémoslo. No es una pregunta *fácil*. La Escritura dice: «Los labios mentirosos son abominación a Jehová; pero los que hacen verdad son su contentamiento»(Proverbios 12.22). Dios mismo *no puede* mentir (Tito 1.2; Números 23.19; 1 Samuel 15.29) y, por lo tanto, Él no puede condonar o autorizar una mentira. Algunos han tratado de argumentar que debido a las circunstancias, esto no fue, técnicamente, una «mentira» sino una treta militar, una estratagema legítima diseñada para engañar o burlar al enemigo en la guerra. Otros argumentan que incluso la mentira es aceptable si el motivo es un bien superior. Tal acercamiento situado a la ética está lleno de problemas muy serios.

No veo la necesidad de justificar la mentira de Rahab. ¿Era necesario para un bien mayor? Por cierto que no. También Sadrac, Mesac y Abed-nego podrían haberse librado del castigo mintiendo. Y haber sostenido convincentemente que era por «un bien mayor». Pero no hay bien más grande que la verdad, y la causa de la verdad nunca puede ser puesta al servicio de la mentira. Sadrac y sus amigos dijeron la verdad —en realidad, usaron la oportunidad para glorificar el nombre de Dios— y Dios fue capaz de salvarlos incluso del horno. Sin duda que Él podía salvar a Rahab y a los espías sin necesidad de una mentira.

Pero, ese no es el punto en la historia de Rahab. No hay necesidad de una inteligente racionalización para justificar su mentira. La Escritura nunca elogia *la mentira*. Rahab no es aplaudida por su *ética*. Rahab es un ejemplo positivo de *fe*.

En ese momento, su fe recién nacía, débil, y con necesidad de nutrientes y de crecimiento. Sus conocimientos de Jehová eran escasos. (En Josué 2.9-11 ella deja en claro que *algo* sabía sobre Él, habiendo desarrollado un agudo interés en Jehová como producto de las historias sobre el escape de Israel desde Egipto. Pero es probable que, antes de esa noche, no haya conocido a un verdadero adorador de Jehová.) Muy posiblemente no tenía conocimiento del valor que Él asignaba a la verdad. Mientras tanto, ella era un producto de una cultura corrupta donde la ética era prácticamente inexistente. En su sociedad y especialmente en su profesión mentir era un estilo de vida. La manera como respondió es justo la que podríamos esperar de un nuevo creyente bajo estas circunstancias.

El punto es que esa fe de Rahab, aún sin desarrollo, inmediatamente dio frutos de acción. «Recibió a los espías en paz»(Hebreos 11.31) quiere decir que no solo los escondió sino que también abrazó implícitamente su causa. De este modo confió todo su futuro al Dios de ellos. Y la prueba de su fe no fue la mentira que dijo, sino el hecho que «recibió a los mensajeros y los envió por otro camino» (Santiago 2.25) cuando podría haberlos delatado por dinero. La *mentira* no es lo que hizo que su acción fuera loable. Fue que renunció a una recompensa fácil, se puso en peligro, y se jugó el todo por el todo por el Dios de Israel.

Nada sino la fe podría haber hecho un tan dramático e instantáneo cambio en el carácter de tal mujer. Obviamente, había desarrollado una gran curiosidad acerca de Jehová por las historias sobre su trato con Israel. Ahora que ella había conocido a personas de carne y hueso que le conocían y le adoraban, estaba lista para involucrarse del todo con ellos.

Una asombrosa expresión de fe

La rapidez mental de Rahab salvó a los espías. El relato sugiere que ella ocultó rápidamente a los hombres *después* que los mensajeros del rey llamaron a su puerta y preguntaron por los espías. Escuchó el pedido, «*entonces*. . . tomó a los dos hombres y los escondió», antes de dar una respuesta (Josué 2.3-4). La velocidad e ingeniosidad de su plan para esconderlos, sugiere que tenía experiencia en este tipo de situaciones.

Aparentemente, los manojos de lino «que tenía puestos en el terrado» (v.6) estaban allí con ese propósito, en caso que una esposa celosa viniera en busca de uno de sus clientes. Rahab mantenía también una larga cuerda (v.15). No hay duda que en el pasado había organizado escapes similares, aunque por razones diferentes.

Esta vez el escondite sirvió para un propósito alto y santo.

Presumiblemente, los mensajeros del rey registraron la casa y al no encontrar lo que buscaban se lanzaron tras el rastro falso que los llevó hasta los vados del Jordán.

Después que no había dudas que los mensajeros del rey se habían ido, Rahab volvió al terrado para hablar con los espías. Les dio un testimonio explícito de la fe que la motivó. He aquí el relato bíblico:

Antes que ellos se durmiesen, ella subió al terrado, y les dijo: «Sé que Jehová os ha dado esta tierra; porque el temor de vosotros ha caído sobre nosotros, y todos los moradores del país ya han desmayado por causa de vosotros. Porque hemos oído que Jehová hizo secar las aguas del Mar Rojo delante de vosotros cuando salisteis de Egipto, y lo que habéis hecho a los dos reyes de los amorreos que estaban al otro lado del Jordán, a Sehón y a Og, a los cuales habéis destruido. Oyendo esto, ha desmayado nuestro corazón; ni ha quedado más aliento en hombre alguno por causa de vosotros, porque Jehová vuestro Dios es Dios arriba en los cielos y abajo en la tierra. Os ruego pues, ahora, que me juréis por Jehová, que como he hecho misericordia con vosotros, así la haréis vosotros con la casa de mi padre, de lo cual me daréis una señal segura; y que salvaréis la vida a mi padre y a mi madre, a mis hermanos y hermanas, y a todo lo que es suyo; y que libraréis nuestras vidas de la muerte. Ellos le respondieron:

Nuestra vida responderá por la vuestra, si no denunciareis este asunto nuestro; y cuando Jehová nos haya dado la tierra, nosotros haremos contigo misericordia y verdad. Entonces ella los hizo descender con una cuerda por la ventana (Josué 2.8-15, énfasis del autor).

Nótese que la fe de Rahab estuvo acompañada por el *temor*. No hay nada malo en eso. Sin duda, «El principio de la sabiduría es el temor de Jehová»(Salmo 111.10). En el caso de Rahab, el temor fue en parte lo que motivó su fe. Ella había escuchado poderosas evidencias de la supremacía del Señor sobre Egipto. Había comprendido que era el poder del Señor (no la destreza militar), lo que había triunfado sobre Sihon y Og, dos temibles reyes amorreos (Josué 2.10). Probablemente por los relatos de los cuarenta años en el desierto, comprendía algo de la autoridad soberana de Jehová sobre Israel. El suyo era un tipo de temor sano. Se había convencido que Jehová era el verdadero Dios. El salmista escribió: «Del poder de tus hechos estupendos hablarán los hombres, y yo publicaré tu grandeza» (Salmo 145.6). Esa es, precisamente, la clase de testimonio que trajo a Rahab a la fe.

Los espías hicieron un juramento de tratarla con bondad cuando conquistaran su ciudad. Pero le pusieron una condición. Ella debía colgar un cordón escarlata desde la ventana por donde los dejó bajar (Josué 2.17-18). Esto señalaría su casa a la vista de todo Israel y nadie del interior sería sacado de allí cuando Jericó cayera. La palabra hebrea para «cordón» del versículo 18 es diferente a «cuerda» del versículo 15. Este cordón sería una cinta de hilos brillantes de colores usada con fines decorativos. El color la haría fácilmente visible desde abajo del muro. Tanto su apariencia, como su función, evocaba la señal carmesí de la sangre salpicada sobre los dinteles de las puertas en la primera Pascua. Muchos comentaristas creen que el color escarlata es también, un deliberado símbolo que tipifica la sangre del Cordero Pascual. Quizás lo sea. Por cierto se alza como símbolo exacto de la sangre de Cristo que aleja la ira de Dios.

Desde la perspectiva de Rahab, sin embargo, el significado del cordón escarlata no tenía nada de arcano ni de místico. Solo se trataba de un buen distintivo puesto para marcar su ventana discretamente, de modo que su vivienda se distinguiera con facilidad del resto de las casas en Jericó.

Después de hacer un acuerdo solemne de proteger la familia de Rahab y sellar su promesa con un juramento (v. 17-20), los espías descendieron al amparo de la oscuridad por medio de la soga hacia el valle fuera de las murallas de Jericó.

Rahab les había aconsejado que se escondieran en las montañas durante tres días hasta que el rey cesara la búsqueda (v.16), y así lo hicieron. La Escritura dice: «Y caminando ellos, llegaron al monte y estuvieron allí tres días, hasta que volvieron los que los perseguían; y los que los persiguieron buscaron por todo el camino, pero no los hallaron» (v.22).

Cuando los hombres regresaron donde Josué, su informe, contrastaba del todo con la información que los diez espías incrédulos, habían traído a Moisés hacía casi cuarenta años. Exactamente, era lo que Josué esperaba escuchar: «Jehová ha entregado toda la tierra en nuestras manos; y también todos los moradores del país desmayan delante de nosotros» (v.24).

UN LEGADO PERDURABLE

Para mucha gente, la victoria milagrosa de Israel sobre Jericó es un relato familiar. Es una ilustración clásica de cómo siempre se obtiene el triunfo espiritual. «No con ejército, ni con fuerza, sino con mi Espíritu, ha dicho Jehová de los ejércitos»(Zacarías 4.6). Dios no trabaja exclusivamente por medio de milagros. A decir verdad, no son frecuentes cuando Él dispone que medios normales cumplan sus propósitos. Pocas batallas militares de Israel fueron ganadas solo por la intervención milagrosa de Dios. Los ejércitos de Israel tuvieron que luchar. Pero de la misma manera, ninguna de sus batallas habría terminado en triunfo sin el poder del Señor.

En este caso, Dios intervino resueltamente de una manera tan clara, que no dejó dudas a nadie en Canaán, que estaba luchando por Israel. Él demolió las enormes murallas de Jericó sin ningún recurso militar. Esto no fue un sismo casual. Para demostrarlo, Dios hizo a los israelitas marchar alrededor de la ciudad con el arca del pacto, una vez al día, por seis días consecutivos (Josué 6). En el séptimo día, marcharon alrededor de la ciudad siete veces, hicieron sonar el cuerno de un carnero y gritaron. En un instante, los muros de la ciudad se vinieron abajo (Josué 6.20).

Todo, excepto una parte de la muralla. «Mas Josué dijo a los dos hombres que habían reconocido la tierra: Entrad en casa de la mujer ramera, y haced salir de allí a la mujer y a todo lo que fuere suyo, como jurasteis. Y los espías entraron y sacaron a Rahab, a su padre, a su madre, a sus hermanos y todo lo que era suyo; y también sacaron a toda su parentela, y los pusieron fuera del campamento de Israel (vv. 22-23). El autor de Josué (probablemente Josué mismo) agrega: «Y habitó ella entre los israelitas hasta hoy»(v. 25).

Rahab es un ejemplo hermoso del poder transformador de la fe. Aunque tenía mínimas ventajas espirituales y pocos conocimientos de la verdad, su corazón estaba entregado a Jehová. Arriesgó su vida, dejó de comportarse en una manera que no honraba a Dios, y se alejó de todos los que no fueran miembros de su familia más cercana (a los que trajo a la comunidad del pueblo de Dios junto con ella). De ese día en adelante, vivió una clase de vida totalmente diferente, como un verdadero héroe de la fe. En Hebreos 11, tiene un lugar de honor al lado de algunos nombres notables en esa «gran nube de testigos», que atestigua del poder salvador de la fe.

Después de la descripción de la caída de Jericó en Josué 6, a Rahab no se la vuelve a mencionar por nombre en el Antiguo Testamento. Por supuesto, cuando Josué notó que Rahab todavía vivía en Israel, probablemente habían pasado muchos años de la destrucción de Jericó. Al parecer, ella vivió su vida en silenciosa dignidad y gracia en medio del pueblo de Dios. Había cambiado completamente de la clase de mujer que había sido una vez. Fue, y todavía lo es, un símbolo viviente del efecto transformador de la fe que salva. Ese es el mensaje principal de su vida.

De hecho, cuando nos volvemos a encontrar con Rahab en las páginas de la Escritura, es en el Nuevo Testamento. Su nombre es mencionado allí tres veces. Dos pasajes la honran por su fe extraordinaria (Hebreos 11.31; Santiago 2.25). Se la presenta como un ejemplo de la fe tanto para hombres como para mujeres. Santiago, en particular, cita su caso para mostrar que la fe produce acción. Efectivamente, la fe de Rahab no permaneció aletargada mucho tiempo. Recuerde, fue solamente después que ella escondió a los espías que les expresó su creencia de que Jehová era el único Dios verdadero. Su fe, se vio en el fruto de sus obras antes, de que tuviera siquiera la oportunidad de expresarlo con sus labios. Santiago dice que la fe genuina siempre es activa y productiva como ésta. «Porque como el cuerpo sin espíritu está muerto, así también la fe sin obras está muerta»(Santiago 2.26). La fe de Rahab podía estar de cualquier modo, menos muerta.

Sin embargo, lo más asombroso en el caso de Rahab, es que aparece en el primer párrafo, de la primera página del primer evangelio del Nuevo Testamento. Mateo comienza el relato de la vida de Cristo con una larga genealogía trazando una línea del linaje completo de Jesús desde la época de Abraham. El objetivo de Mateo es demostrar por el linaje de Jesús que Él calificaba para ser la Simiente prometida de Abraham, y que era también el legítimo heredero al trono de David. Allí, en la lista de los antepasados de Jesús encontramos inesperadamente el nombre de Rahab: «Salmón engendró de Rahab a Booz, Booz engendró de Rut a Obed, y Obed a Isaí» (Mateo 1.5).

Es muy inusual que las mujeres sean nombradas en alguna genealogía hebrea. (Nótese que el registro de los descendientes de Adán en Génesis 5 omite cualquier referencia a sus hijas.) Sin embargo, Mateo menciona a cinco mujeres, y todas son personas notables: Tamar (1.3), Rahab (v.5), Ruth (v.5), Betsabé (v.6) y María (v.16). Al menos tres de ellas eran gentiles. Tres de ellas fueron deshonradas debido a su propio pecado. A decir verdad, cada una, por diversas razones, sabían lo que era ser paria y tener mala fama o algún estigma asociado a su reputación:

- Tamar era una mujer cananea cuyo marido se había muerto dejándola sin hijos. Posó como prostituta y sedujo a su propio suegro, Judá, con el fin de tener un hijo. Es muy interesante que un hilo escarlata cumpla también una función en la historia trágica de la vida de Tamar (Génesis 38.13-30).

- Rahab a quien ya conocemos, incluyendo la vergüenza de su sórdido pasado.

- Ruth (a quien pronto conoceremos) era de la nación moabita, un pueblo generalmente despreciado en Israel (Ruth 1.3).

- Betsabé (a quién Mateo se refiere simplemente como «la esposa de Urías» sin nombrarla) comete adulterio con el rey David (2 Samuel 11).

- María, por supuesto, llevó la vergüenza de un embarazo fuera del matrimonio.

Colectivamente, ellas ilustran cómo Dios es capaz de hacer que todas las cosas obren para bien. Desde una perspectiva humana, toda la genealogía estaba matizada con parias y ejemplos de fracaso. Las mujeres, en particular, subrayan la forma en que el escándalo coloreó gran parte de la línea mesiánica. Estaba llena de extranjeras, marginadas y aquellas que eran parias por variadas razones. Sin embargo, a pesar de esto, todas encontraron un lugar en el plan de Dios para traer a su Hijo al mundo.

El motivo del escándalo en el linaje de Cristo no fue ningún accidente. En su encarnación, Cristo voluntariamente «se despojó a sí mismo, tomando forma de siervo, hecho semejante a los hombres»(Filipenses 2.7). Se *hizo* un paria y un oprobio público y por nosotros se hizo maldición (Gálatas 3.13). Aun hasta hoy es «piedra de tropiezo, y roca que hace caer»(1 de Pedro 2.8). El mensaje del Evangelio es, también, un escándalo público, simple locura y vergüenza para aquellos que se pierden. Pero para aquellos que son salvos, es poder de Dios (1 Corintios 1.18).

Entonces, una vez más, «Al oír esto Jesús, les dijo: Los sanos no tienen necesidad de médico, sino los enfermos. No he venido a llamar a justos, sino a pecadores»(Marcos 2.17). Rahab fue la encarnación de esa verdad. Esa es la razón por la que el Nuevo Testamento repetidamente la presenta como un ejemplo vivo del fruto de la fe salvadora. Es un recordatorio viviente que aún el peor de los pecadores puede ser salvado por la gracia divina a través de la fe. «Porque por gracia sois salvos por medio de la fe; y esto no de vosotros, pues es don de Dios» (Efesios 2.8-10, énfasis añadido).

Rahab fue redimida no a causa de las obras meritorias que hizo. No se ganó el favor de Dios por alguna buena acción. Recuerde, aunque ella hizo lo correcto —dando refugio a los espías— estaba moralmente contaminada por la manera en que vivía. Ella mintió. Pero no se nos la presenta como un ejemplo del poder del trabajo humano. No es una lección sobre cómo mejorar mediante la auto superación. Es un recordatorio que Dios por su gracia puede redimir incluso la vida más horrible.

Algunos de los rabinos de un tiempo antes de la época de Jesús se avergonzaron porque una mujer con el trasfondo de Rahab había sido protegida de la destrucción de Jericó y traída a Israel como un prosélito. Propusieron una diferente interpretación de la palabra hebrea *ramera* que aparece en Josué 2.1 (también 6.17, 25). El término hebreo es similar a una palabra que significa «alimentar», decían, agregando que quizás Rahab, era realmente una posadera, o una anfitriona.

El problema es que la palabra hebrea solo puede significar una cosa: «ramera». Tal fue, durante siglos, la forma de entender este pasaje. De hecho, no hay ninguna ambigüedad en la Septuaginta (una antigua traducción griega del Antiguo Testamento que se remonta al segundo siglo antes de Cristo), o en los textos griegos de Hebreos 11.31 y Santiago 2.25. La palabra griega que se usa para describir a Rahab es *porne*, que quiere decir «ramera». (Nótese que el término viene de la misma raíz para la palabra *pornografía*, que tiene similares connotaciones morales.)

La idea de limpiar el pasado de Rahab fue revivido por algunos clérigos de extrema sensibilidad en la era victoriana. C. H. Spurgeon, el bien conocido predicador bautista de finales del siglo diecinueve en Londres, replicó: «Esta mujer no era ninguna simple anfitriona, sino una ramera legítima. Estoy persuadido que nada, sino un espíritu de repugnancia por la gracia liberadora, podría mover alguna vez a cualquier comentarista a negar su pecado».

Tenía toda la razón, por supuesto. Quite el estigma del pecado, y estará quitando la necesidad de la gracia. Rahab es extraordinaria precisamente porque recibió gracia extraordinaria. No hay necesidad de reinventar su pasado para tratar de que parezca menos pecadora. El hecho preocupante de lo que fue alguna vez solo magnifica la gloria de la gracia divina, que hizo de ella la extraordinaria mujer que *llegó a ser*. Esa es, después de todo, la lección de su vida.

4

Rut: Lealtad y amor

Tu pueblo será mi pueblo, y tu Dios mi Dios.

Rut 1.16

El libro de Rut en el Antiguo Testamento es una historia de amor perfecto en formato compacto. No es un cuento épico, sino un relato corto. (La extensión tiene solo ochenta y cinco versículos.) Sin embargo, atraviesa todo el rango de las emociones humanas, desde el pesar más desgarrador hasta la cúspide de la felicidad.

La vida de Rut fue la experiencia verdadera e histórica de una genuina mujer extraordinaria. Fue también la representación perfecta de la historia de la redención, escrita con símbolos vivos y palpitantes. Ruth misma proporciona un exacto retrato de cada pecador. Era una viuda y una extranjera que se fue a vivir tierra extraña. Circunstancias trágicas la redujeron a una vil pobreza. No solo era una paria y una exiliada, sino también privada de recursos, reducida a un estado de completa miseria de la que nunca se podría haber salvado por sus propios medios. En su apuro, buscó el favor de su suegra, su parienta legal más cercana. La historia de cómo cambió toda su vida, es uno de los relatos más profundamente conmovedores en toda la Escritura.

La ruina

La historia de Rut comenzó hacia el final de la era de los Jueces en el Antiguo Testamento. Fue aproximadamente un siglo antes de la época de David, en un tiempo caracterizado a menudo por la anarquía, la confusión y la infidelidad para con la ley de Dios. También había una hambruna grave en Israel en aquellos días.

En Rut 1.1-2 se nos presenta la familia de Elimelec formada por su esposa, Noemí, y dos hijos Mahlón y Quelión. Su pueblo natal era Belén, famoso como el lugar de entierro de Raquel, la esposa de Jacob (Génesis 35.19). Belén en futuras generaciones ganaría más fama duradera como el pueblo natal de David, y luego, por supuesto, como el lugar de nacimiento de Cristo. La historia de la familia de Elimelec, puso un eslabón de la cadena que une la línea mesiánica con Belén.

La hambruna en Israel forzó a Elimelec y familia a pedir refugio en Moab, del mismo modo como una hambruna similar había conducido a Abraham a Egipto una vez. Éstos deben haber sido tiempos de desesperación, porque Moab misma era una región desolada, una meseta alta limitada al oeste por el Mar Muerto y en el este por extenso desierto árido. Sus límites por el norte y el sur eran dos profundos desfiladeros de ríos (el Arnón y el Zered, respectivamente), que estaban prácticamente secos la mayor parte del año. Moab era fértil pero seca, y por lo tanto la tierra en gran parte carecía de árboles, apta principalmente para el pastoreo de rebaños y manadas.

Los moabitas eran descendientes de la hija mayor de Lot por medio de la relación incestuosa con su propio padre. El hijo proveniente de tan ilícita unión fue nombrado Moab. Era, por supuesto, primo en segundo grado de Jacob. (Recuerde que Lot era sobrino de Abraham.) Pero aún cuando sus ancestros tenían una relación tan cercana, los moabitas y los israelitas en general se despreciaban entre sí.

Durante el tiempo en que Israel anduvo errante en el desierto, las mujeres moabitas deliberadamente seducían a los hombres israelitas, tentándolos a participar en sacrificios a dioses idólatras (Números 25). Moab era la misma nación cuyo rey Balac atrajo al mercenario profeta Balaam, para que profetizara contra Israel. Así que a lo largo de las páginas del Antiguo Testamento, vemos que las relaciones entre Israel y Moab, iban de la tensión incómoda a la total hostilidad.

Los moabitas adoraban a un dios llamado Quemos. (Era su principal deidad, pero Números 25.2 sugiere que veneraban también a muchos.) La Escritura llama a Quemos «ídolo abominable de Moab» (1 Reyes 11.7; 2 Reyes 23.13). El culto a este ídolo era grotesco, al punto de incluir sacrificios humanos (2 Reyes 3.26-27). Como los eventos de Números 25 indican, el culto moabita estaba lleno de imágenes eróticas y conductas obscenas. El paganismo moabita tipifica todo lo abominable sobre idolatría. La cultura moabita resume prácticamente todo lo que los fieles israelitas rechazaban.

Por lo tanto, podría escandalizarnos y consternarnos el hecho que Elimelec y su familia buscaran refugio en Moab. Elimelec poseía tierras en Belén y era lo suficientemente prominente como para ser llamado «nuestro hermano» por los ancianos de la ciudad (Rut 4.2-3). Su nombre significa «Mi Dios es Rey». Eso, junto a la fe y el carácter de Noemí, sugiere que él y su familia eran devotos judíos y no mundanos descuidados. El hecho que Elimelec llevara su familia a Moab nos da una medida de la gravedad de la espantosa hambruna. La tierra de Israel era evidentemente árida, tanto física como espiritualmente, y los tiempos eran desesperantes.

La tragedia alcanzó rápidamente a esta familia. Primero murió Elimelec dejando a su viuda Noemí con la responsabilidad de criar a sus dos hijos. Afortunadamente para ella, Mahlón y Quelión se estaban acercando a la madurez y se casaron pronto. Por desgracia, escogieron esposas moabitas (Rut 1.3-4). Ningún israelita devoto habría mirado tal matrimonio como unión propicia. Los varones israelitas estaban expresamente prohibidos de casarse con mujeres cananitas, por miedo a que se convirtieran a los otros dioses (Deuteronomio 7.1-3).

El sentido común indica que por tales razones, casarse con una moabita tampoco era muy bien visto. Sin embargo, Noemí y sus hijos deben haberse sentido atrapados por circunstancias desesperadas, porque Noemí aceptó a estas nueras amablemente. Una fue nombrada Orfa (que quiere decir «terca») y la otra, Rut («amistad»). Rut se casó con Mahlón (Rut 4.10), que al parecer era el mayor. Orfa, luego, habría sido la esposa de Quelión. Rut 1.41 dice que Noemí y sus hijos vivieron en Moab diez años. (Ése, es probablemente el total del tiempo que permanecieron en Moab, más bien que los años que estuvieron casados; porque ninguna de las jóvenes parejas parece haber tenido hijos, lo que habría sido muy anormal al cabo de diez años de matrimonio, aún en tiempos de hambruna.)

Mientras tanto, las circunstancias no parecían mejorar para Noemí.

En efecto, las cosas más bien se pusieron peor. Tanto Mahlón como Quelión se murieron, dejando a las tres mujeres a merced de ellas mismas. En esa cultura, esto era una situación casi imposible. Tres viudas, sin ningún hijo ni parientes responsables, en tiempo de hambre, no podían esperar sobrevivir por mucho tiempo, aunque juntaran sus magros recursos. No se nos dice qué causó la muerte de los maridos, pero el hecho de que fallecieran los tres, da una idea de cuán dura era la vida en medio de la adversidad de aquellos días. Mahlón y Quelión parecen haber muerto en rápida sucesión; quizás a causa de una enfermedad, probablemente relacionada con la hambruna.

Noemí, Rut y Orfa habían llegado al borde de la ruina. Por eso, cuando Noemí oyó decir que la sequía había cesado en Israel, pensó inmediatamente en volver. Era ahora viuda, sin hijos, pobre y envejecida (Rut 1.12), carente de toda tierra y pertenencias, y sin parientes cercanos con los que contar para cuidarla. Seguía echando de menos su patria y a su propia gente, de modo que decidió regresar a Belén.

Ambas nueras iniciaron el difícil viaje con Noemí, pero al analizar las circunstancias (especialmente las privaciones que estas dos jóvenes podrían enfrentar, si arriesgaban su futuro junto a ella) decidió dejarlas en libertad para que regresaran a sus propias familias. Noemí sentía como si la mano del Señor estuviera contra ella (v. 13). Sin ninguna duda luchaba contra el amargo pesar de haber venido a Moab la primera vez. Ahora regresaba dejando a su marido y a sus hijos enterrados en ese lugar olvidado de Dios. Parecía embargarla el remordimiento y quizás un sentimiento de que, de alguna manera, era la causante del disgusto del Señor por haber ido a Moab. ¿Por qué sus nueras deberían sufrir a causa de la disciplina de la mano de Dios en contra suya? Así que trató de convencer a las jóvenes para que regresaran.

La descripción bíblica de la escena —especialmente la amarga angustia compartida por las tres mujeres— es desgarradora:

Entonces se levantó con sus nueras, y regresó de los campos de Moab;
porque oyó en el campo de Moab que Jehová había visitado a su
pueblo para darles pan. Salió, pues, del lugar donde había estado, y
con ella sus dos nueras, y comenzaron a caminar para volverse a la
tierra de Judá. Y Noemí dijo a sus dos nueras: Andad, volveos cada
una a la casa de su madre; Jehová haga con vosotras misericordia,
como la habéis hecho con los muertos y conmigo. Os conceda Jehová
que halléis descanso, cada una en casa de su marido. Luego las besó,
y ellas alzaron su voz y lloraron, y le dijeron: Ciertamente nosotras
iremos contigo a tu pueblo. Y Noemí respondió: Volveos, hijas mías;
¿para qué habéis de ir conmigo? ¿Tengo yo más hijos en el vientre,
que puedan ser vuestros maridos? Volveos, hijas mías, e idos; porque
yo ya soy vieja para tener marido. Y aunque dijese: Esperanza tengo,
y esta noche estuviese con marido, y aun diese a luz hijos, ¿habíais
vosotras de esperarlos hasta que fuesen grandes? ¿Habíais de
quedaros sin casar por amor a ellos? No, hijas mías; que mayor
amargura tengo yo que vosotras, pues la mano de Jehová ha salido
contra mí. Y ellas alzaron otra vez su voz y lloraron; y Orfa besó a su
suegra, mas Rut se quedó con ella (Rut 1.6-14).

DETERMINACIÓN

Al margen del costo personal, Rut estaba decidida a permanecer
con Noemí. La aun joven moabita probablemente sintió que, de
cualquier forma, no tenía nada que perder. De acuerdo con el significado de su nombre, Rut parece haber desarrollado un fuerte lazo
de amistad y apego para con su suegra.

Noemí insistió en tratar de disuadir a Rut de que fuera con ella.
Le dijo: «He aquí tu cuñada se ha vuelto a su pueblo y a sus dioses;
vuélvete tú tras ella»(Rut 1.15). Noemí sin duda sentía que no era
el mejor panorama para Rut atar su vida a la de una anciana. Por

otro lado, no estaba suficientemente segura, que sería bueno para Rut volver a su gente «y a sus dioses». Con toda probabilidad, Noemí estaba probando a Rut, esperando obtener de ella una explícita profesión verbal de la fe en Jehová. Podría ser un error llevar a Rut a Israel y poner una viuda sin apoyo económico en esa sociedad si ella no tuviera un genuino compromiso con el Dios de Israel.

La réplica de Rut es una hermosa pieza de poesía en estilo hebreo:

> *No me ruegues que te deje, y me aparte de ti; porque a dondequiera que tú fueres, iré yo, y dondequiera que vivieres, viviré. Tu pueblo será mi pueblo, y tu Dios mi Dios. Donde tú murieres, moriré yo, y allí seré sepultada; así me haga Jehová, y aun me añada, que sólo la muerte hará separación entre nosotras dos (Rut 1.16-17).*

Así expresó Rut su firme propósito de quedarse con Noemí. Su cariño por su suegra era sincero. Seguía deseando permanecer como parte de la familia. Sobre todo, su devoción por el Dios de Israel era real. Esto fue un sorprendente, maduro y significativo testimonio de fe personal, especialmente si se tiene en cuenta que venía de los labios de una mujer criada en una cultura pagana. Noemí y su familia deben haber hecho una fuerte impresión sobre Rut.

Cuando Noemí vio el firme propósito de Rut, dice la Escritura que «no dijo más»(v.18); es decir, no siguió tratando de disuadir a Rut de venir con ella a Belén. Sus almas y sus destinos estaban unidos por su amistad y una fe común.

Después de diez años o más en Moab, Noemí regresó a la gente que la recordaba y que conocía su nombre. Su regreso causó una conmoción enorme. La Escritura dice: «Toda la ciudad se conmovió por causa de ellas, y decían: ¿No es ésta Noemí? (v.19). Noemí significa «agradable» y en un primer tiempo aquel significado tiene que haber sido una perfecta descripción de Noemí. El hecho es que muchas mujeres la recordaran y estuvieran tan contentas al verla, sugería que había sido una persona sociable, amada por todos los que la habían conocido. Pero ahora su vida era del color de la tristeza, así que dijo a las demás mujeres: «No me llaméis Noemí, sino llamadme Mara [que quiere decir, amarga]; porque en gran amargura me ha puesto el Todopoderoso. Yo me fui llena, pero Jehová me ha vuelto con las manos vacías. ¿Por qué me llamaréis Noemí, ya que Jehová ha dado testimonio contra mí, y el Todopoderoso me ha afligido? (vv. 20-21).

Esto más que una queja era un sentido lamento. Sabía, como Job, que el Señor da y el Señor quita. Comprendía el principio de la soberanía de Dios. Al pedir que la llamaran «Mara» no estaba sugiriendo que se había vuelto una persona amarga sino que, (como sus palabras lo revelan) la Providencia le había dado una copa amarga para beber. Vio la mano de Dios en sus sufrimientos pero pienso que, lejos de quejarse, estaba simplemente reconociendo su fe en la soberanía de Dios, incluso en medio de una vida de sufrimiento. Todo lo que la Escritura nos dice sobre Noemí indica que permaneció inalterable en la fe a lo largo de sus duras experiencias. No fue diferente de Job, fue una mujer de gran fe, que soportó casi inimaginables pruebas, sin nunca vacilar en su amor para con Jehová y en su compromiso con su voluntad. Así que su vida es en realidad una expresión impresionante de la fe, sin una pizca de resentimiento.

Elimelec tenía un pariente adinerado llamado Booz, que había prosperado a pesar de los años de hambruna. Era un terrateniente con vastas propiedades y considerable influencia. La Escritura dice que era «un pariente de su marido» (Rut 2.1), pero no especifica la relación. Podría haber sido el hermano de Elimelec, pero eso parece improbable, debido a que él no era, técnicamente, el pariente más cercano de Noemí (Rut 3.12). Era probablemente un primo o un sobrino de Elimelec.

Además, Booz era un descendiente directo de Rahab. Mateo 1.5 dice: «Salmón engendró de Rahab a Booz», y eso concuerda con Rut 4.21, pero el número de años que hay entre la época de la caída de Jericó y el principio de la dinastía de David, sugiere que debe haber más generaciones entre Salmón y David, que los que nombran Mateo 1 o Rut 4 explícitamente.

La genealogía hebrea usaba a menudo un tipo de taquigrafía, pasando por alto generaciones entre ancestros muy conocidos. Mateo parece hacer esto deliberadamente para conseguir un tipo de simetría numérica en el listado genealógico (Mateo 1.17), probablemente como ayuda para la memorización. Así que, más bien que hijo de Rahab, es probable que Booz haya sido su bisnieto.

Estaba, no obstante, en la línea directa de Rahab. Conocía indudablemente su historia y la gloria de su herencia. Su conexión con Rahab ciertamente inclinaría su corazón para simpatizar con el aprieto de una mujer extranjera como Rut, que había abrazado a Jehová con una fe que evocaba la de Rahab.

REDENCIÓN

Al aceptar regresar a Belén con Noemí, Rut estaba aceptando ayudar al sostenimiento de la anciana. Los datos bíblicos indican que Ruth era todavía muy joven y físicamente fuerte. Así que fue a trabajar en los campos, recogiendo lo que los cosechadores dejaban con el fin de proporcionar suficiente grano para suplir una necesidad.

La ley bíblica establecía esto como un medio por el cual, incluso los más desposeídos en Israel, siempre podían ganarse la vida. Levítico 19.9-10; 23.22, y Deuteronomio 24.19-21 señalan que cuando un campo era cosechado, lo que cayera de las gavillas debería dejarse deliberadamente. Cuando la fruta era tomada de los árboles y viñas, tenía que dejarse una parte sin arrancar. Los restos de las cosechas entonces eran libres de ser recabadas por cualquiera que quisiera.

Las opciones de Rut estaban limitadas a eso, y solo a eso. No tenía ningún pariente aparte de su suegra. Los propios familiares más cercanos de Noemí, tampoco eran lo suficientemente próximos, como para tener la obligación legal de sostenerla. Sin medios visibles de ayuda, Rut vio la necesidad de trabajar en los campos de cebada, así que pidió y obtuvo el permiso de Noemí (Rut 2.2).

Fue, pues, y espigaba en uno de los campos de Booz cuando éste la vio. El lenguaje del texto indica que fue solo casualidad: «Y aconteció que aquella parte del campo era de Booz, el cual era de la familia de Elimelec» (v.3) pero sabemos por la enseñanza clara de la Escritura, que Dios mismo organizó providencialmente estos acontecimientos (Proverbios 16.33). Nada sucede por «casualidad», sino que Dios está siempre detrás de los hechos, haciendo que todas las cosas sucedan para el bien de su pueblo (Romanos 8.28). Para los creyentes no existen cosas tales como la «suerte» o el «destino».

Ese mismo día, Booz visitó sus campos para ver el progreso de la cosecha. Cuando se percató de la presencia de Rut, de inmediato se interesó. Ella era obviamente joven, capaz y diligente. Así es que llamó al capataz y le preguntó acerca de Rut.

Este le explicó: «Es la joven moabita que volvió con Noemí de los campos de Moab; y ha dicho: Te ruego que me dejes recoger y juntar tras los segadores entre las gavillas. Entró, pues, y está desde por la mañana hasta ahora, sin descansar ni aun por un momento» (Rut 2.6-7).

Booz, por supuesto se dio cuenta de inmediato que esta mujer era su pariente por matrimonio, así que empezó a mostrarle favor especial. La animó a espigar solamente en sus campos y a permanecer cerca de sus cosechadores. Le dio permiso para beber del agua que él proporcionaba a sus criados e instruyó a los jóvenes de no tocarla.

Rut, animada por su gentileza y generosidad, sabía muy bien que tal extrema atención era poco común, especialmente con una mujer pobre venida de una tierra extraña. «Ella entonces bajando su rostro se inclinó a tierra, y le dijo: ¿Por qué he hallado gracia en tus ojos para que me reconozcas, siendo yo extranjera?» (v.10)

Booz le explicó que había oído de su extraordinaria fidelidad para con Noemí y los grandes sacrificios que había hecho para venir a una tierra extranjera.

Entonces le dio una bendición especial que revelaba cuán piadoso era: «Jehová recompense tu obra, y tu remuneración sea cumplida de parte de Jehová Dios de Israel, bajo cuyas alas has venido a refugiarte» (v.12).

La respuesta de ella fue igualmente gentil, y hermosa por su humildad: «Señor mío, halle yo gracia delante de tus ojos; porque me has consolado, y porque has hablado al corazón de tu sierva, aunque no soy ni como una de tus criadas» (v.13).

En ese primer encuentro, Booz de inmediato fue impactado por Rut. La invitó a que comiera con sus trabajadores a la hora de la colación y personalmente vio que quedara satisfecha (vv. 14-16). Dio instrucciones a sus obreros para que le permitieran espigar entre sus gavillas, encargándoles incluso, que dejaran caer grano a propósito de los atados, para que ella los recogiera. Así aligeró el peso de su trabajo y le incrementó el beneficio.

Rut, no obstante, continuó trabajando duro todo el día. «Espigó, pues, en el campo hasta la noche, y desgranó lo que había recogido, y fue como un efa de cebada» (v.17). Era en total una media fanega, aproximadamente, suficiente para alimentarse ella y Noemí durante cinco días o más. Esto era más o menos cuatro veces lo que, como mucho, un espigador podía esperar recoger en un típico buen día.

Rut tomó el grano, así como un poco de comida sobrante del almuerzo y lo llevó a Noemí, quien estaba muy sorprendida y contenta por lo bien que le había ido a Rut. Parecía haber comprendido instintivamente, que no era posible que tal cosa hubiera ocurrido sin la ayuda de alguien. Así que le preguntó dónde había espigado y pronunció una bendición especial sobre «el que te ha reconocido» (v.19).

Cuando Rut le dijo que el hombre que había sido su benefactor se llamaba Booz, Noemí vio de inmediato la mano de Dios. «Y dijo Noemí a su nuera: Sea él bendito de Jehová, pues que no ha rehusado a los vivos la benevolencia que tuvo para con los que han muerto. Después le dijo Noemí: Nuestro pariente es aquel varón, y uno de los que pueden redimirnos» (v.20).

La palabra hebrea que se traduce como «pariente cercano» es *goel*, término técnico que representa mucho más que «familiar». El *goel* era un pariente que venía al rescate. La palabra *goel* incluye la idea de redención o liberación. De hecho, con el fin de expresar la idea más perfectamente en español, los eruditos del Antiguo Testamento hablan del *goel* a veces como un «pariente que redime». En unas ocasiones en la Escritura, la palabra es traducida como «redentor» (Job 19.25) y en otras como «vengador» (Números 35.12).

Un *goel* era generalmente un varón destacado en la familia extendida. Era el guardián oficial del honor familiar. Si la ocasión lo exigía podía vengar la sangre de un pariente asesinado (Josué 20.2-9). Podía volver a comprar las tierras de la familia vendidas en tiempos de tribulación (Levítico 25.23-28). Podía pagar el precio de redención de los parientes vendidos como esclavos (Levítico 25.47-49). O, (si era un hombre soltero o viudo y en condiciones de casarse) podía revivir el linaje de la familia cuando alguien moría sin heredero, casándose con la viuda y engendrando descendientes que heredarían el nombre y las propiedades del que había fallecido. Esto se conocía como ley de levirato, y Deuteronomio 25.5-10 lo presentaba como un deber en aquellos casos, donde un hermano (soltero y presumiblemente más joven) estaba viviendo en el hogar de un hermano casado que moría. Si el hermano sobreviviente rehusaba cumplir el deber del *goel* casándose con la viuda de su hermano, era tratado con desprecio por toda la sociedad.

El Antiguo Testamento pone mucho énfasis en la función del *goel*. En la gestión de esta persona había un aspecto redentor muy importante.

Cada pariente-redentor era, en efecto, una ilustración viviente de la posición y el trabajo de Cristo con respecto a su pueblo: Él es nuestro verdadero pariente-redentor, que llega a ser nuestro Hermano humano, nos rescata de la esclavitud del mal, redime nuestras vidas de la muerte, y nos regresa, en última instancia, todo lo que perdimos a causa de nuestro pecado.

Booz sería el *goel* de Rut. Salvaría su vida de la pobreza y de la viudez. Sería su libertador. Noemí comprendió el potencial de este feliz giro de los acontecimientos, desde el mismo momento que supo que era Booz, quien se había interesado en Ruth. No era solamente un pariente; tenía los medios para ser también un redentor. Con mucha convicción, Noemí animó a Rut a seguir las instrucciones de Booz y a permanecer exclusivamente en sus campos hasta el final de la cosecha (Rut 2.21-23).

Noemí veía como su deber de suegra, velar por la seguridad a largo plazo de esta fiel joven moabita que había demostrado tan gentilmente su lealtad, generosidad, diligencia y fuerza de carácter durante todo el caluroso y difícil período de cosecha. En una cultura donde los matrimonios concertados eran la norma, esto implicaba hacer lo que pudiera para arreglar un matrimonio entre Rut y Booz.

Porque era mujer, el protocolo prohibía a Noemí acercarse a Booz para organizar un matrimonio con Rut. En efecto, no hay ninguna sugerencia de que Noemí haya siquiera hablado con Booz desde su regreso de Moab. Sin embargo, desde el principio, Noemí tuvo la intuición de que Booz estaba interesado en Rut. Habiendo observado y esperado a través de la larga estación de cosecha, Noemí aparentemente decidió que Booz necesitaba algún tipo de ayuda sutil para echar a correr la bolita. La manera como se desarrollaron los acontecimientos indica que el instinto de Noemí estuvo bien orientado.

Si Booz había estado casado, la Escritura no lo menciona. De acuerdo a la tradición judía, era un soltero vitalicio. Podría haber tenido algún defecto físico o una personalidad excéntrica, que lo mantenía a la espera de un buen arreglo matrimonial. En último término, necesitaba un empujoncito.

Aunque por cierto, mostró un interés profundo en Ruth desde el momento en que la vio, no parece habérsele pasado por la mente cumplir con la función de *goel* en su beneficio. Por su propio testimonio (Rut 3.10), estaba sorprendido de que Rut no lo considerara inadecuado para el matrimonio.

Noemí había dimensionado la situación correctamente sin embargo, y enseñó a Rut sobre qué hacer. El plan de Noemí era audaz y muy poco convencional. Por supuesto, Rut, como extranjera, podía siempre alegar ignorancia de las costumbres judías, pero si el plan de Noemí se hubiera conocido con anticipación por la gente de la comunidad, los guardianes del decoro ciertamente se habrían levantado en armas. Por supuesto, el plan no involucraba ninguna injusticia ni indecencia. Noemí indudablemente no habría pedido nada a Rut que comprometiera su virtud o que la hiciera renunciar a su modestia piadosa.

Pero lo que Noemí aconsejó a Rut fue escandalosamente adelantado. (Aún a mentes iluminadas del siglo XXI esto parece increíblemente audaz.)

¡El plan de Noemí, en esencia, era que Rut le propusiera matrimonio a Booz! Por eso, le dijo: «Te lavarás, pues, y te ungirás, y vistiéndote tus vestidos, irás a la era; mas no te darás a conocer al varón hasta que él haya acabado de comer y de beber. Y cuando él se acueste, notarás el lugar donde se acuesta, e irás y descubrirás sus pies, y te acostarás allí; y él te dirá lo que hayas de hacer (Rut 3.3-4). Para las costumbres de la época, eso demostraría la disposición de Rut de casarse con Booz.

Se había llegado al final de la cosecha. El lugar donde el cereal era aventado estaba, por lo general, al aire libre. Esto suponía dar vueltas el grano al aire con el propósito de que el viento se llevara las cáscaras ligeras de paja.

Booz trabajaría hasta tarde, dormiría en la trilla, se levantaría temprano y volvería a trillar el grano. Así extendió su jornada y vigiló toda la noche. Trabajó hasta muy tarde, se sirvió una comida liviana y se recostó junto al montón de grano.

La Escritura dice que «su corazón estuvo contento» (Rut 3.7).

La cosecha había sido abundante. Después de años de hambruna, Booz estaba alborozado en su prosperidad.

De conformidad con las instrucciones de Noemí, «Rut vino calladamente, le descubrió los pies y se acostó» (v. 7). Booz estaba tan fatigado, que no la notó sino hasta medianoche cuando se sorprendió de encontrar a una mujer tendida a sus pies.

Entonces, le dijo: «¿Quién eres?»

Ella respondió: «Yo soy Rut tu sierva; extiende el borde de tu capa sobre tu sierva, por cuanto eres pariente cercano» (v.9). Ruth estaba pidiendo prestado el lenguaje («Bajo su ala») de la bendición que Booz le había dado (2.12). Esta era, ni más ni menos, una proposición de matrimonio.

Y fue como una bendición abrumadora e inesperada a Booz. Rut 3.10-13 dice lo siguiente:

> *Y él dijo: Bendita seas tú de Jehová, hija mía; has hecho mejor tu postrera bondad que la primera, no yendo en busca de los jóvenes, sean pobres o ricos. Ahora pues, no temas, hija mía; yo haré contigo lo que tú digas, pues toda la gente de mi pueblo sabe que eres mujer virtuosa. Y ahora, aunque es cierto que yo soy pariente cercano, con todo eso hay pariente más cercano que yo. Pasa aquí la noche, y cuando sea de día, si él te redimiere, bien, redímate; mas si él no te quisiere redimir, yo te redimiré, vive Jehová. Descansa, pues, hasta la mañana.*

La Escritura no identifica al hombre que era el pariente más cercano de Noemí. (Podría haber sido un hermano mayor o un primo de Booz.) Booz, sin embargo, sabía quién era y conocía la costumbre que le exigía diferirlo con aquel otro pariente, de modo que explicó la situación a Rut, le juró su buena voluntad de ser su *goel* si era posible, y la animó a que se quedara a sus pies el resto de la noche.

Nada inmoral ocurrió, por supuesto, y la Escritura es clara al respecto. Pero Booz, siendo protector de la virtud de Rut, la despertó y la envió a casa justo antes del amanecer. Le dio una generosa porción de grano como obsequio para Noemí diciendo: «A fin de que no vayas a tu suegra con las manos vacías» (v.17).

Noemí, por supuesto, esperaba ansiosa oír lo que había ocurrido. Rut le contó todo y Noemí, cuya intuición femenina era impecable, dijo: «Espérate, hija mía, hasta que sepas cómo se resuelve el asunto; porque aquel hombre no descansará hasta que concluya el asunto hoy (v.18).

Tenía razón. Booz fue a la puerta de la ciudad inmediatamente y encontró al pariente más cercano de Noemí. Los dos se sentaron en presencia de diez ancianos y negociaron por el derecho de ser el *goel* de Rut.

Esa función involucraba, antes que nada, la recompra de la propiedad de Elimelec. En Israel, las porciones de tierra eran parte del legado permanente de cada familia, de generación en generación. No podían venderse para siempre (Levítico 25.23). Los bienes raíces que eran «vendidos» para pagar deudas se quedaban en posesión del comprador solo hasta el año del jubileo, en cuyo tiempo era revertido al propietario original. Este arreglo ayudó a mantener la riqueza de Israel distribuida uniformemente, y significaba que los tratos por venta de tierras eran en realidad más bien arrendamientos a largo plazo. La tierra vendida por deuda tenía el consuelo que podía también ser recuperada en cualquier momento por el vendedor o su *goel*. Puesto que Elimelec no tenía heredero, la propiedad que él y Noemí habían vendido para pagar sus deudas sería automáticamente posesión permanente de quien actuara como *goel* de Noemí redimiendo su propiedad. Esto hacía el proyecto sumamente atractivo.

Booz dijo: «Si tú quieres redimir, redime; y si no quieres redimir, decláramelo para que yo lo sepa; porque no hay otro que redima sino tú, y yo después de ti. Y él respondió: Yo redimiré»(Rut 4.4).

Pero entonces Booz explicó que había algo que considerar. Aunque Elimelec no tenía heredero sobreviviente, el hombre que habría sido su heredero legítimo (Mahlón) había dejado una viuda. Por lo tanto, Booz explicó: «El mismo día que compres las tierras de mano de Noemí, debes tomar también a Rut la moabita, mujer del difunto, para que restaures el nombre del muerto sobre su posesión» (v.5).

Esto cambió un poco las cosas. Porque si Rut se volvía a casar con alguien bajo el principio del levirato, y tenía un heredero en nombre de Mahlón, el derecho a la tierra de Elimelec pasaría a su descendencia automáticamente. La única manera de eliminar ese riesgo sería casarse con Rut. El pariente cercano no identificado no podía o no quería casarse con Rut. Tampoco quería poner en peligro la herencia de sus propios hijos. Así que dijo a Booz: «No puedo redimir para mí, no sea que dañe mi heredad. Redime tú, usando de mi derecho, porque yo no podré redimir» (v.6).

Un contrato formal era entonces sellado públicamente según la costumbre. El pariente se quitó la sandalia y la dio a Booz (v.8), garantizándole en efecto el derecho a ocupar su lugar como *goel* para Rut y Noemí.

«Y Booz dijo a los ancianos y a todo el pueblo: Vosotros sois testigos hoy, de que he adquirido de mano de Noemí todo lo que fue de Elimelec, y todo lo que fue de Quelión y de Mahlón. Y que también tomo por mi mujer a Rut la moabita, mujer de Mahlón, para restaurar el nombre del difunto sobre su heredad, para que el nombre del muerto no se borre de entre sus hermanos y de la puerta de su lugar. Vosotros sois testigos hoy» (vv.9-10).

A todo el mundo le encanta una buena historia de amor, y la gente de Belén no era la excepción. A medida que circulaba la noticia de la inusual transacción que se realizaba en la puerta de la ciudad, los vecinos empezaron a reunirse y pronunciaron una bendición sobre Booz y sobre su futura esposa. «Testigos somos. Jehová haga a la mujer que entra en tu casa como a Raquel y a Lea, las cuales edificaron la casa de Israel; y tú seas ilustre en Efrata, y seas de renombre en Belén. Y sea tu casa como la casa de Fares, el que Tamar dio a luz a Judá, por la descendencia que de esa joven te dé Jehová» (4.11-12).

La bendición fue profética. Booz y Rut se casaron, y el Señor pronto les bendijo con un hijo. En el nacimiento de este niño, las mujeres de Belén también dieron una bendición a Noemí: «Loado sea Jehová, que hizo que no te faltase hoy pariente, cuyo nombre será celebrado en Israel; el cual será restaurador de tu alma, y sustentará tu vejez; pues tu nuera, que te ama, lo ha dado a luz; y ella es de más valor para ti que siete hijos» (vv. 14-15).

Todo eso también se hizo realidad. Como el versículo 17 lo explica, «Y le dieron nombre las vecinas, diciendo: Le ha nacido un hijo a Noemí; y lo llamaron Obed. Este es padre de Isaí, padre de David». En otras palabras, Rut fue la bisabuela de David.

Así es cómo Rut, una mujer moabita aparentemente predestinada a sufrir maldición, cuya lealtad y fe la habían llevado lejos de su propia gente y traída como extranjera a la tierra de Israel, llegó a ser madre en la línea real que daría origen al primer gran rey de esa nación. Su principal descendiente sería la Simiente de Abraham y el esperado Libertador de Eva.

Rut es el perfecto símbolo de cada creyente, y de la iglesia misma redimida, traída a un lugar de gran predilección, dotada de riquezas y privilegios, exaltada como la propia novia del Redentor y amada por Él con un amor difícil de comprender. Por eso, es que

5

ANA: RETRATO DE LA GRACIA FEMENINA

*Ana oró y dijo: Mi corazón se regocija en Jehová, mi poder se exalta
en Jehová; mi boca se ensanchó sobre mis enemigos, por cuanto me
alegré en tu salvación.*

1 Samuel 2.1

El nombre Ana significa «gracia». Es una definición exacta
para una mujer cuya vida estuvo coronada con la gracia y
que llegó a ser un emblema viviente de la gracia de la
maternidad. Un estudio de su vida revela el clásico perfil de una
madre piadosa.

Pero Ana casi había perdido las esperanzas de ser madre. Su
experiencia es casi igual a la de Sara. Igual que ella, no tenía hijos
y esto la perturbada. Los matrimonios de ambas mujeres estaban
atormentados con la tensión de la bigamia de sus maridos. Ambos
habían recibido al fin la bendición de Dios a su petición, y en
ambos casos, la respuesta a sus oraciones resultaron ser en extremo,
y más abundantemente significativas que lo que alguna vez se
habrían atrevido a pedir o pensar. El hijo de Ana, Samuel, fue el
último de los jueces. También fue el sacerdote que oficialmente
inauguró la dinastía real verdadera de Israel ungiendo a David

como rey. Samuel se hizo una figura imponente en la historia de Israel.

Así, la vida de Ana, a menudo reflejaba la de la matriarca original, Sara. Sobre todo, reflejaba su fe asombrosa y su perseverancia.

En una manera similar, Ana también anunció a María, la madre de Jesús. La oración de dedicación de Ana en 1 Samuel 2.1-10 fue el modelo del Magnificat en Lucas 1.46-55. Tanto Ana como María dedicaron formalmente a sus hijos primogénitos al Señor (1 Samuel 1.24-28; Lucas 2.22-24). En términos de sufrimiento emocional, la rendición a la voluntad de Dios tendría para ambas un precio muy alto. (En el caso de Ana, esto significó la pena profunda de tener que separarse de su propio hijo. Samuel dejó el hogar para comenzar su formación de tiempo completo en el tabernáculo cuando recién aprendía a caminar, edad en que la mayoría de los niños todavía regalonean en los brazos de sus madres.)

UNA ESPERANZA APRECIADA

Ana fue única entre las mujeres que hemos estudiado hasta ahora ya que no estaba en la línea genealógica del Mesías. Pero su famosa oración de dedicación, cuando ofreció su hijo a Dios, es en realidad una apología profética del Mesías de Israel. Evidentemente, ella abrigaba la misma esperanza mesiánica que enmarcaba la cosmovisión de cada una de las mujeres extraordinarias que estamos estudiando.

En realidad, puesto que Ana es la última mujer del Antiguo Testamento con la que estamos tratando, es digno de mencionar, cuán destacada es la expectativa mesiánica en el Antiguo Testamento, no solamente en las vidas de estas pocas mujeres, sino a través de toda la ley, los salmos y los profetas (Lucas 24.44). El tema corre como un brillante hilo escarlata entretejido en el tapiz del Antiguo Testamento. Aquí y allá, vuelve denodadamente a la superficie de las profecías explícitas y en las promesas, pero por lo general apenas encubierto, donde permanece como un susurro constante, siempre asimilable pero rara vez visible, y nunca muy lejos del centro de la escena. Este es el verdadero fundamento para casi cualquier otro tema en el Nuevo Testamento.

Me encanta la forma en que la esperanza mesiánica se revela cada vez que consideramos a las mujeres más destacadas del Antiguo Testamento. La verdad es que cada hombre y mujer realmente justo del Antiguo Testamento, compartió el mismo anhelo ferviente por el Mesías venidero. Era el enfoque y el tema de todas sus esperanzas futuras.

En otras palabras, Cristo ha sido *siempre* el único objetivo verdadero de toda fe salvadora, aún en los tiempos del Antiguo Testamento. La promesa del Redentor ocurrió mucho antes que fuera explícitamente revelado en forma humana. Aunque el conocimiento de los santos del Antiguo Testamento sobre Él era débil y oscuro, era realmente el centro de todas sus esperanzas de salvación. Job, cuya historia es una de las expresiones de fe más antiguas contenidas en la Escritura, dio este testimonio en el momento más bajo de sus peores dificultades: «Yo sé que mi Redentor vive, y al fin se levantará sobre el polvo; y después de deshecha esta mi piel, en mi carne he de ver a Dios; al cual veré por mí mismo, y mis ojos lo verán, y no otro, aunque mi corazón desfallece dentro de mí» (Job 19.25-27). ¡Hasta la fe de Job incluía la expectativa de su propia resurrección corporal!

La fe de los creyentes fieles siempre *ha tenido* esa perspectiva centrada en Cristo. No asombra entonces que la expectativa mesiánica fuera tan prominente en los corazones y mentes de estas mujeres extraordinarias. Esto era la verdadera esencia de la fe por la cual ellas confiaron en las promesas de Dios. ¡Esa fue por lo tanto la clave de todo lo que las hizo realmente extraordinarias!

UNA HERENCIA PIADOSA

Ana era una mujer desconocida que vivía en un lugar remoto de Israel con su marido, Elcana. Tenían su casa en el territorio ocupado por la tribu de Efraín. En 1 Samuel 1.1 encontramos una lista en la que aparece el tatarabuelo de Elcana, Zuf, como un «efrateo», pero esto claramente designa solo el territorio donde la familia vivía, y no su línea de ascendencia. Por 1 Crónicas 6.22-27 —que da una genealogía detallada de Elcana— sabemos que en realidad desciende de Leví por la línea de Coat.

Los coatitas eran una de las tres líneas más importantes en la tribu de Leví. Este era un clan importante. Según 1 Crónicas 6.2-3, Moisés y Aarón eran coatitas. A los hijos de Coat se les asignó la responsabilidad de cuidar de los objetos más sagrados del tabernáculo, incluyendo el arca del pacto (Números 3.30-31). Cuando Israel trasladaba su campamento de un lugar a otro en el desierto, era el deber de los coatitas desarmar el Lugar Santísimo y transportar el arca y todos los utensilios sagrados de acuerdo a un estricto procedimiento (4.4-16).

En cuanto Israel habitó la Tierra Prometida en forma permanente y el tabernáculo se instaló definitivamente en Silo, los coatitas al parecer fueron derivados a otras funciones sacerdotales como dirigir la música y las oraciones en el tabernáculo (1 Crónicas 6.31-33). Así, según el versículo 33, uno de los antepasados más cercanos de Elcana era conocido como «Hemán, el cantor».

Los levitas fueron la única tribu en Israel a la que no se le asignó ningún territorio independiente de su propiedad porque ellos eran la tribu sacerdotal, y el Señor mismo era su heredad (Números 18.20). Así que cuando la tierra de Israel se dividió y se distribuyó a las otras doce tribus, los levitas fueron esparcidos por toda la nación. Solo se les entregó pequeñas parcelas de pastoreo y campos de cultivos en ciudades seleccionadas a través de todo Israel.

Los antepasados de Elcana, probablemente tan lejanos como la primera generación después de la conquista de Canaán, habían vivido entre la tribu de Efraín. Esa es la razón por la que Zuf es llamado «efrateo», aunque ésta claramente fue una familia de coatitas, de la tribu de Leví.

Los hombres de la tribu de Leví se turnaban (durante varias semanas a la vez) para servir en el templo. En aquellos días, el tabernáculo estaba situado en Silo. Desde que los levitas tenían el deber de ministrar en el templo, permaneciendo lejos de su tierra y sus hogares por un largo tiempo cada año, sus ingresos eran implementados con diezmos recolectados de todo Israel (Números 18.24-32).

Ana viajaba fielmente con Elcana al templo todos los años para adorar y ofrecer sacrificio. La Escritura los retrata como una familia devota, aunque vivían en un período deprimente de la historia de Israel. La Biblia nos recuerda que Elcana viajaba a Silo para adorar y ofrecer su sacrificio «donde estaban dos hijos de Elí, Ofni y Finees, sacerdotes de Jehová» (1 Samuel 1.3).

Ofni y Finees eran dos de los *peores* sacerdotes que encontramos en las páginas de la Escritura. Eran hombres avaros que ilegalmente —y a veces por la fuerza— tomaban las mejores partes de las ofrendas del pueblo para sí mismos (1 Samuel 2.13-16). Peor aún, usaban su posición como sacerdotes para seducir a las jóvenes (v.22). Habían convertido, en efecto, el templo en una casa inmoral, constituyendo un tipo de mafia sacerdotal a través de la cual intimidaban a los fieles y mostraban un flagrante desprecio por la ley de Dios. El resultado obvio fue que el pueblo de Israel, comenzó a detestar traer las ofrendas al Señor (v.17). Toda la gente estaba consciente de lo que Ofni y Finees hacían pero su padre Elí hacía solo un intento a medias por reprenderlos, a pesar de que era el sumo sacerdote (v.24).

Por supuesto, la manifestación visible de la gloria de Dios que una vez residió sobre el arca del pacto se había ido. El arca misma había llegado a significar muy poco para los israelitas. Ofni y Finees la trataban como un mero talismán. El peor momento vino cuando la llevaron a la batalla con los filisteos, presumiendo que garantizaría la victoria de Israel. En vez de eso, los filisteos derrotaron completamente al ejército israelita y capturaron el arca. El arca nunca volvió al tabernáculo de Silo. (Después de su recuperación de manos de los filisteos, permaneció casi en total abandono por casi cien años en una casa particular de Quiriat-Jearim, hasta que David la recuperó y la trajo a Jerusalén como anticipo del templo que Salomón construiría allí.)

La pérdida del arca (1 Samuel 4.10-11) ocurrió apenas unos pocos años después que la Escritura nos presenta a Ana (1.2). Fue el momento culminante y definitivo de esa era decadente. Dicho sea de paso, en esa misma batalla en la que el arca fue capturada, murieron Ofni y Finees.

Elí cayó conmocionado tan pronto supo la noticia. Murió también a causa de las lesiones ocasionadas en su caída. Muy pronto después de esto, la esposa de Finees dio a luz un hijo al que llamó Icabod, que significa «sin gloria» (4.12-22).

Fue una descripción acertada de toda esa era de la historia de Israel. Un tiempo, sin duda, de gran oscuridad espiritual.

En esos secos y tenebrosos días, Ana se destacó como un rayo de luz. No solo fue la quintaesencia de una esposa y madre piadosa, sino que en una generación fría ejemplificó la paciencia, la devoción, la fe, la mansedumbre, la sumisión, la devoción espiritual y el amor maternal.

UNA AMBICIÓN SAGRADA

A pesar de su carácter gentil, la vida de Ana en casa era a menudo problemática y triste. Su marido era un bígamo. En las palabras de la Escritura, «Tenía él dos mujeres; el nombre de una era Ana, y el de la otra, Penina. Y Penina tenía hijos, mas Ana no los tenía» (1 Samuel 1.2). Obviamente, esta situación causaba grave tensión al interior de la familia. Penina, llamada «rival» de Ana (v.6), la provocaba adrede aguijoneándola por el hecho de que el Señor no le había dado hijos.

Elcana prefería a Ana, a quien amaba profundamente, pero eso solo magnificaba la amarga rivalidad entre las mujeres. Tal conflicto fue una consecuencia inevitable de la bigamia de Elcana. Por supuesto, una de las razones por las que Dios diseñó el matrimonio como una relación monógama fue, en primer lugar, para evitar esta clase de problemas dentro de la familia.

Ana estaba en constante angustia debido a su esterilidad. Además de ser atormentada por las críticas burlonas de Penina. La carga y la tensión hacían su vida insoportable. Lloraba con amargura y literalmente podía pasar días sin comer (1.7). Anhelaba ser madre. Era la ambición de su vida.

Estoy convencido que no era ninguna aspiración egoísta. La manera como inmediatamente dedicó a su primer hijo al Señor, y lo dio para servir al interior del tabernáculo a tan tierna edad, demuestra la pureza de sus motivaciones.

Para ella, la maternidad era la vocación más alta que Dios puede otorgar a cualquier mujer.

Eso no es para indicar, por supuesto, que la maternidad sea la *única* función apropiada para las mujeres. La Escritura reconoce que es la voluntad de Dios que algunas mujeres permanezcan solteras (1 Corintios 7.8-9). En la sabiduría de su providencia, ha ordenado también que algunas mujeres casadas se queden perpetuamente sin hijos (Salmo 127.3). A la mujer no se le exige de ninguna manera que sea esposa o madre antes que pueda ser útil en el servicio del Señor. Miriam (la hermana de Moisés) y Débora (quien se desempeñó como un juez y repartidor en Israel) son ejemplos bíblicos de mujeres a quienes Dios usó poderosamente al margen del matrimonio o de la maternidad. (Débora estaba casada, pero ganó renombre en una función que no tenía nada que ver con el de esposa o madre.)

Sin embargo, la Escritura a menudo presenta el matrimonio como «la gracia de la vida» (1 Pedro 3.7), y la maternidad como el más alto llamado a que puede ser convocada una mujer. Esta es, después de todo, la vocación para la cual Dios llamó solo a la mujer para cumplirla y ningún hombre puede jamás invadir esa función.

Quizás usted ya ha notado, que la gloria y la dignidad de la maternidad, se destacan de una u otra forma como el tema principal en la vida de cada mujer con las que hemos venido tratando hasta ahora. Eso es cierto en la mayoría de las mujeres clave de la Escritura. La Biblia las honra por su fidelidad en sus propios hogares. O, como en el caso de Rahab y Rut, las recordamos porque fueron liberadas de la esclavitud del mundo y se elevaron al papel más eminente de esposas y madres. Muy pocas veces en la Escritura las mujeres fueron distinguidas y elogiadas por sacar provecho de o por sus profesiones fuera del ámbito doméstico. El honor y la eminencia para las mujeres en la Biblia casi siempre van muy asociados a la casa y la familia. Ana comprendía eso, y deseaba ardientemente entrar en el noble papel de madre.

Por supuesto, la exaltación que la Biblia hace de la maternidad es desdeñada a menudo por nuestra muy «iluminada»era. En efecto, en esta generación, la maternidad es frecuentemente ridiculizada y despreciada incluso en nombre de los «derechos de la mujer». Pero el plan de Dios ha sido desde el principio que las mujeres eduquen y críen hijos piadosos que dejen, por lo tanto, una poderosa huella en la sociedad a través de su hogar (1 Timoteo 5.10; Tito 2.3-5). Ana es una ilustración clásica de cómo eso funciona. Es un recuerdo de que las madres son artífices de hombres y arquitectos de la próxima generación. Su fervorosa oración por un hijo, fue el comienzo de una serie de eventos que ayudaron a cambiar la oscuridad y el decaimiento espiritual en Israel. Ella echó a andar una cadena de sucesos que conducirían a un despertar espiritual profundo hacia el final de la dinastía davídica.

Nuestro primer encuentro con Ana ocurre cuando Israel tiene la desesperada necesidad de un gran líder y un gran hombre. Ana llegó a ser la mujer a quien Dios usó para que ayudara a formar a ese hombre. Samuel probó ser quien podía llenar ese vacío de liderazgo. Su calidad tenía el claro sello de la influencia de su madre, aunque él dejó el hogar a edad temprana.

Creo que la influencia de Ana como esposa y madre piadosa se pueden ver en los tres grandes amores de su vida.

AMOR POR SU MARIDO

Desde el comienzo de la descripción de su familia en la Escritura, observamos que es evidente que Ana tenía un profundo amor por Elcana, tanto como el que él sentía por ella. Cuando presentaron una ofrenda de paz al Señor (un sacrificio en el cual el oferente asaba un animal sacrificado y entregaba parte de este banquete al Señor), Elcana repartió una parte a Penina y a todos sus hijos, pero dio una doble porción a Ana debido a su gran amor por ella (1 Samuel 1.4-5). Este era un honor público que regular y deliberadamente, le concedía en presencia de otros en los banquetes.

Obviamente, el matrimonio de Ana no era perfecto, en especial por los celos y la rivalidad por causa de la bigamia del marido.

Ana parece que era la primera esposa, ya que se la nombra primero (v.2). Aparentemente, Elcana se casó después con Penina debido a la esterilidad de Ana.

Recuerde, en esa cultura se estimaba crucial tener hijos que mantuvieran la herencia y el nombre de la familia.

Esta fue la misma razón por la que Abraham entró en una relación de poligamia con Agar. Es indudablemente la razón principal por la que vemos tanta poligamia en el Antiguo Testamento.

Pero el matrimonio de Ana, aunque deteriorado por las tensiones, era sólido. Elcana obviamente la amaba con sincero afecto, y sabía que su amor era recíproco. En efecto, él trató de confortarla tiernamente recordándole su amor por ella: «Y Elcana su marido le dijo: Ana, ¿por qué lloras? ¿por qué no comes? ¿y por qué está afligido tu corazón? ¿No te soy yo mejor que diez hijos?» (1 Samuel 1.8)

Esta súplica ayudó, al menos por el momento, porque Ana inmediatamente se levantó, comió y luego fue al tabernáculo (v.9).

El amor de Ana por su marido es la primera clave para comprender su profunda influencia como madre. Contrariamente a la creencia popular, la más importante característica de una madre piadosa no es la relación de ella con sus hijos. Es su amor para su marido. El amor entre marido y mujer es la clave auténtica que conduce a una familia próspera. Un ambiente familiar saludable no puede solo construirse sobre el amor de los padres para con sus hijos. La familia bien constituida tiene al matrimonio en el centro; no gira alrededor de los hijos.

Además, todos los padres necesitan prestar atención a esta lección: lo que usted comunica a sus hijos a través de su relación matrimonial permanecerá con ellos por el resto de sus vidas. Mirando al padre y a la madre cómo se tratan entre sí, aprenderán las más fundamentales lecciones de la vida: amor, abnegación, integridad, virtud, pecado, perdón y comprensión. Todo lo que usted les enseñe sobre esas cosas, correcto o equivocado, quedará plantado profundo dentro de sus corazones.

Ese énfasis sobre la centralidad del matrimonio era muy evidente entre Elcana y Ana. Con todos sus problemas domésticos, ellos tenían, no obstante, un matrimonio sano y un amor permanente el uno por el otro. Su incapacidad para tener hijos era como una herida abierta. Pero era una experiencia que obtuvo como resultado tiernas expresiones de amor de Elcana para con su esposa. Y ni siquiera en un ambiente hogareño con una segunda esposa y múltiples hijos, un caos creado por la locura de la bigamia de Elcana y hecho aún más disfuncional por el temperamento enfermizo de Penina, Ana y Elcana sin ninguna duda se amaban profundamente.

Adoraban a Dios juntos, y lo hacían con regularidad. El versículo 3 dice: «Y todos los años aquel varón subía de su ciudad para adorar y para ofrecer sacrificios a Jehová de los ejércitos en Silo». Pero eso no significa que Ana y Elcana visitaran el templo solamente una vez un año. A todos los israelitas hombres se les exigía que asistieran a lo menos a tres fiestas anuales (Deuteronomio 16.1-17). Muy probablemente Elcana llevaba a su familia consigo en esos viajes. Es probable que viajaran juntos a Silo en las otras ocasiones también. (La distancia desde la casa familiar en Ramataim de

Zofim hasta Silo era de unos cuarenta kilómetros a lo largo del valle del Jordán. El viaje podía fácilmente hacerse en dos días o menos.) La adoración parece haber sido un aspecto central en la convivencia de Ana y Elcana. Era lo que conservaba la solidez del amor del uno por el otro frente a tanta adversidad.

Eso también explica por qué Ana fue tan influyente como madre. Por mucho que amara a Elcana, había un amor aun más grande que la motivaba.

AMOR POR EL CIELO

Obviamente, Ana tenía un profunda y constante amor por Dios. Su pasión espiritual se veía en el fervor de su vida de oración. Era una mujer devota cuyos afectos estaban puestos en las cosas celestiales, no en lo terrenal. Su anhelo de tener un hijo no era solo por auto satisfacción. Nada más lejos de ella. No se trataba solo de obtener lo que deseaba. Era un asunto de auto sacrificio: darse ella misma a esa pequeña vida para entregarla al Señor. Siglos antes, Rebeca, la esposa de Isaac, oró: «Dame hijos, o si no, me muero» (Génesis 30.1). La oración de Ana fue más modesta que esa. Ella no rogó por «hijos» sino por un hijo. Pidió a Dios un hijo que pudiera servir en el templo. Si Dios la favorecía con ese hijo, se lo daría a Dios. Las acciones de Ana demostraron que no quería un hijo para su propio placer, sino para que sirviera al Señor.

Naturalmente, entonces, se volvió al Señor para presentar su causa. Era importante, creo, que a pesar de la amarga agonía que Ana sufrió por su falta de hijos, nunca se convirtió en una mujer quejumbrosa o en una regañona.

No hay ninguna sugerencia de que alguna vez se haya quejado contra Dios o haya importunado a su marido por la falta de hijos.

¿Por qué le iba a lloriquear a Elcana? Los hijos son una herencia del Señor (Salmo 127.3; Génesis 33.5).

Ana parecía haber comprendido eso, así que llevó su caso directamente al Señor. A pesar de su decepción y angustia, se mantenía fiel a Jehová. A decir verdad, la frustración parece haberla acercado más y más al Señor en lugar de alejarla de Él. Y persistió en la oración.

Esa es una característica hermosa, y fue el distintivo de la virtud de Ana: una fe constante e invariable. 1 Samuel l.12 habla de su oración como un acto permanente: «Ella continuaba orando al Señor» (énfasis añadido). Permanecía delante del Señor, aún con un corazón roto, derramando sus plegarias en medio del llanto. Así, sus pruebas tenían el beneficio de hacerla una mujer de oración. Realmente ejemplificaba lo que significa «orar sin cesar» (1 Tesalonicenses 5.17; Lucas 18.1-8).

El valor de la oración constante y apasionada es una de las lecciones centrales de la vida de Ana. Note cómo se describe la pasión de su oración en 1 Samuel 1.10-11. «Ella con amargura de alma oró a Jehová, y lloró abundantemente. E *hizo voto*, diciendo: Jehová de los ejércitos, si te dignares mirar a la aflicción de tu sierva, y te acordares de mí, y no te olvidares de tu sierva, sino que dieres a tu sierva un hijo varón, yo lo dedicaré a Jehová todos los días de su vida, y no pasará navaja sobre su cabeza»(énfasis añadido).

Había dos partes en el voto de Ana. Uno era la promesa de dar el hijo al Señor. Los eventos siguientes demostraron que por esta promesa ella proyectó dedicarlo al servicio en el tabernáculo por tiempo completo. La última parte de la promesa de Ana implicaba un voto de nunca cortarle el cabello. Esta era una de las tres cláusulas del antiguo voto nazareo (Números 6.1-9).

111

Aunque no queda claro si la promesa de Ana implicaba también todas las otras cláusulas del voto nazareo. Si así hubiera sido, su hijo habría tenido que abstenerse además de beber vino (o cualquier otro producto de la vid) y no entrar en contacto con nada que fuera causa de profanación ceremonial.

Estas restricciones eran señales de la consagración a Dios.

Ambas partes del voto de Ana consagraron a su hijo de por vida a los servicios que por lo general eran solo temporales. Los levitas, como hemos visto, servían por turnos en el tabernáculo. Nadie tenía esta responsabilidad de por vida.

Por lo general, los votos nazareos eran también temporales. En el caso de Sansón, Dios había ordenado expresamente a su madre que lo hiciera nazareo de por vida (Jueces 13.2-7). (Es probable que puesto que la madre de Sansón había sido estéril antes que éste fuese concebido, los conocimientos que Ana haya tenido de esta historia pudieron haberla llevado a hacer este voto.) Juan el Bautista también parece haber estado bajo un voto similar de por vida (Lucas 7.33). Pero normalmente tales votos duraban unas semanas o a lo más algunos años.

Obviamente, Ana quería que su hijo fuera un hombre piadoso, que sirviera y glorificara al Señor toda su vida. Éstas no fueron promesas hechas a la ligera, porque cuando Dios finalmente respondió a su oración, no retrocedió por la difícil carga que su voto había puesto sobre ella como madre de Samuel.

El fervor de las oraciones de Ana la hizo prominente en el tabernáculo, especialmente en esa era decadente. Ella estaba totalmente consumida por la pasión de su oración y tan perturbada con su llanto (1 Samuel 1.10) que atrajo la atención del anciano sacerdote, Elí. Lo más seguro es que él nunca había sido testigo de una oración tan sentida como ferviente, por lo que no supo de qué se trataba:

*Mientras ella oraba largamente delante de Jehová, Elí estaba obser-
vando la boca de ella. Pero Ana hablaba en su corazón, y solamente
se movían sus labios, y su voz no se oía; y Elí la tuvo por ebria.
Entonces le dijo Elí: ¿Hasta cuándo estarás ebria? Digiere tu vino. Y
Ana le respondió diciendo: No, señor mío; yo soy una mujer atribu-
lada de espíritu; no he bebido vino ni sidra, sino que he derramado mi
alma delante de Jehová. No tengas a tu sierva por una mujer impía;
porque por la magnitud de mis congojas y de mi aflicción he hablado
hasta ahora. Elí respondió y dijo: Ve en paz, y el Dios de Israel te
otorgue la petición que le has hecho (1 Samuel 1.12-17).*

La reacción insensible de Elí era típica en él. Muestra cuán
completamente carecía de discernimiento o incluso de la mínima
cortesía. Esta es en gran parte la explicación, de por qué era tan
incompetente en sus funciones como sumo sacerdote de la nación,
y padre de sus propios hijos. Su acusación en contra de Ana fue la
misma que la multitud incrédula hizo contra los discípulos el día de
Pentecostés (Hechos 2.13). Elí, evidentemente, no se dio cuenta
que ella estaba orando.

Un par de factores podrían haber colaborado en su confusión.
En primer lugar, era costumbre en Israel orar en voz alta, no en
silencio. Ana parece haber entendido que el Dios ve directamente
al corazón humano, que conoce nuestros pensamientos aún antes
que se conviertan en palabras; y nuestras palabras antes de que se
formen en nuestros labios (Salmo 139.1-4). Todavía más, en el
Nuevo Testamento se nos enseña que el Espíritu Santo intercede
por nosotros con gemidos indecibles (Romanos 8.26). Por eso Ana
no tenía necesidad de orar en voz alta. No lo estaba haciendo por
un ritual. Sabía que el Señor conocía su corazón. Por contraste, la
oración privada debe haberle parecido tan extraña a Elí que no

113

pudo reconocerla cuando la vio, a menos que ésta se ajustara a las costumbres ceremoniales.

Una segunda cosa que pudo haber oscurecido el discernimiento de Elí era, el hecho que sus propios hijos, eran conocidos por frecuentar a mujeres perdidas allí en el tabernáculo (1 Samuel 2.22). Elí, por cierto, no aprobaba la conducta de sus hijos, pero fallaba al no tomar enérgicas medidas para apartarlos de estos hechos. Aparentemente, estaba más acostumbrado a ver mujeres inmorales que piadosas en el tabernáculo, por eso podría haber asumido que Ana era una de aquellas.

Su reprimenda, no obstante, era absurda y fuera de lugar. La embriaguez generalmente vuelve a las personas ruidosas y alborotadoras. Ana estaba en silencio y con completo dominio de sí. No había razón alguna para que Elí la regañara como lo hizo.

Ana respondió con su característica gracia y humildad. Por supuesto, se horrorizó por la acusación y la negó con un seguro tono de disgusto. Explicó que simplemente estaba dejando fluir la pena de su corazón. No dijo la razón de su pesar a Elí. No tenía necesidad de hacerlo. Comprendió que solamente Dios podía responder a su oración; por eso sus oraciones habían sido silenciosas.

Elí, por su parte, cambió de tono rápidamente. Debe haberse sentido algo avergonzado y humillado al comprender cuán gravemente había malinterpretado a esta pobre mujer. Debido a eso, la bendijo y apeló al Señor para que le concediera su petición.

La respuesta final de Ana a Elí reveló otro de sus rasgos espirituales positivos. «Y ella dijo: Halle tu sierva gracia delante de tus ojos. Y se fue la mujer por su camino, y comió, y no estuvo más triste (1.18). Ana puso toda su carga sobre el Señor y dejó su frustración ahí en el altar. Hizo lo que había venido a hacer al tabernáculo. Traer su causa ante el Señor. Ahora estaba contenta de dejar el asunto en sus manos.

Eso demuestra cuán genuina y paciente era su fe realmente. La Escritura dice: «Echa sobre Jehová tu carga, y él te sustentará; no dejará para siempre caído al justo» (Salmo 55.22). Es posible que algunas personas oren: «Oh, Dios, he aquí mi problema», y luego salgan de su presencia en completa duda y frustración, todavía cargando el mismo peso que originalmente los trajo delante del Señor, sin confiar realmente en que Él los sustenta. Ana por cierto puso sus problemas en el regazo del Señor, confiando del todo en que le respondería según lo que fuera mejor para ella. Hay una humildad verdadera en esa clase de fe, como el apóstol Pedro advierte: «Humillaos, pues, bajo la poderosa mano de Dios, para que él os exalte cuando fuere tiempo; echando toda vuestra ansiedad sobre él, porque él tiene cuidado de vosotros» (1 Pedro 5.6-7).

Cuando Dios finalmente respondió a la oración de Ana dándole el hijo que había pedido, su alma agradecida respondió con un limpio y continuo torrente de alabanzas. Sus palabras, registradas para nosotros en 1 Samuel 2.1-10, son una obra maestra. En el capítulo que sigue, revisaremos el Magnificat de María, el cual es muy similar a este pasaje, en estilo tanto como en sustancia:

Y Ana oró y dijo:

Mi corazón se regocija en Jehová,
Mi poder se exalta en Jehová;
Mi boca se ensanchó sobre mis enemigos,
Por cuanto me alegré en tu salvación.

No hay santo como Jehová;
Porque no hay ninguno fuera de ti,

Y no hay refugio como el Dios nuestro.
No multipliquéis palabras de grandeza y altanería;
Cesen las palabras arrogantes de vuestra boca;
Porque el Dios de todo saber es Jehová,
Y a él toca el pesar las acciones.

Los arcos de los fuertes fueron quebrados,
Y los débiles se ciñeron de poder.
Los saciados se alquilaron por pan,
Y los hambrientos dejaron de tener hambre;
Hasta la estéril ha dado a luz siete,
Y la que tenía muchos hijos languidece.

Jehová mata, y él da vida;
Él hace descender al Seol, y hace subir.
Jehová empobrece, y él enriquece;
Abate, y enaltece.
Él levanta del polvo al pobre,
Y del muladar exalta al menesteroso,
Para hacerle sentarse con príncipes
y heredar un sitio de honor.

Porque de Jehová son las columnas de la tierra,
Y él afirmó sobre ellas el mundo.
Él guarda los pies de sus santos,
Mas los impíos perecen en tinieblas;

Porque nadie será fuerte por su propia fuerza.
Delante de Jehová serán quebrantados sus adversarios,
Y sobre ellos tronará desde los cielos;
Jehová juzgará los confines de la tierra,

Dará poder a su Rey,
Y exaltará el poderío de su Ungido
(1 Samuel 2.1-10)

En este breve himno de acción de gracias hay un contenido tan sólido que podríamos ocupar muchas páginas en analizarlo. Si me fuera dado como un texto sobre el cual basarme para una predicación, indudablemente tendría que predicar una serie de varios sermones, solo para desempacar su trascendencia profética y doctrinal. Obviamente, no tenemos suficiente espacio para esa clase de estudio minucioso del himno de alabanza de Ana. Pero aún, la más breve visión general revela cuán familiarizada estaba Ana con las cosas profundas de Dios.

Reconocía, por ejemplo, la santidad de Dios, su misericordia, su soberanía, su poder y su sabiduría. Lo adoraba como Salvador, como Creador y como juez soberano. Reconocía la ruindad y la depravación de la naturaleza humana, tanto como la locura de la incredulidad y la rebeldía. En suma, sus pocas estrofas son una obra maestra de conocimiento teológico.

Pero ésta no era simple teología académica. Ana habló basada en su propio conocimiento íntimo de Dios. Sus palabras de alabanza estaban llenas de amor y de asombro. Ese amor para Él, y el amor por todas las cosas celestiales, fue una de las claves para la influencia de ella como madre.

AMOR POR SU HOGAR

La tercera característica destacada de Ana fue su dedicación al hogar y a la familia. Vemos pruebas de esto desde el comienzo, en su amor por Elcana y el amor de él para con ella. Lo vemos en el modo en que superó el conflicto mezquino y el intento deliberado de Penina de sembrar la discordia dentro de la propia familia, sin otra intención que exasperarla. Lo vemos otra vez en su anhelo intenso de ser madre. Lo vemos en cuán entregada fue a su pequeño hijo durante su infancia.

Cuando Ana y Elcana regresaron a casa después de su encuentro con Elí en el tabernáculo, la Escritura dice: «Y Elcana se llegó a Ana su mujer, y Jehová se acordó de ella. Aconteció que al cumplirse el tiempo, después de haber concebido Ana, dio a luz un hijo» (1.19-20). Le puso por nombre Samuel, pero el significado de *Samuel* no está completamente claro. Podía literalmente traducirse «nombre de Dios». Algunos comentaristas sugieren que pudiera significar «pedido a Dios», y otros dicen «oído por Dios». En hebreo, el nombre es muy similar a Ismael, que significa «Dios escuchará». Cualquiera sea el verdadero significado del nombre, la esencia de lo que esto dice a Ana es claro. Samuel era una respuesta viviente de la oración, y un recordatorio de que Dios había oído lo que ella pidió, y le había concedido el deseo de su corazón.

Durante los siguientes años, Ana se concentró únicamente en el cuidado de Samuel. Cuando llegó el tiempo de hacer el primer viaje a Silo después del nacimiento, dijo a su marido que planeaba quedarse con Samuel en casa hasta que fuera destetado. «Entonces, dijo, lo llevaré, para que pueda presentarse ante el Señor y quedarse allí para siempre» (v.22).

Ella sabía que su tiempo con Samuel sería breve. Las madres en esa cultura amamantaban a sus hijos por unos tres años. Lo cuidaría durante los años de mayor influencia formativa mientras aprendía a caminar y a hablar. Tan pronto fuera destetado, sin embargo, estaba determinada a cumplir su voto.

Mientras tanto, ella sería una constante en la vida de Samuel. Así, se transformó en un verdadero modelo de ama de casa. Nunca una madre estuvo tan dedicada a su hijo y a su hogar. Tenía mucho trabajo: amamantarlo, cuidarlo y ayudarle a aprender las verdades más básicas de la vida y la sabiduría. Le enseñó sus primeras lecciones sobre Jehová e hizo de su casa un ambiente donde él podía aprender y crecer en seguridad. Cuidadosamente dirigió el ritmo de su aprendizaje y le ayudó a modelar sus intereses.

Ana parecía comprender cuán vitales son esos primeros años cuando se forma el 90 por ciento de la personalidad. «Instruye al niño en su camino, Y aun cuando fuere viejo no se apartará de él» (Proverbios 22.6). Preparó a Samuel en esos años formativos para una vida de servicio a Dios, el alto llamado al que lo consagró antes de que ni siquiera hubiera nacido.

La historia nos dice que ella hizo bien su trabajo. Samuel, obviamente un niño precoz, creció en sabiduría y en conocimiento. Aquellos primeros años fijaron un curso a su vida del cual nunca se desvió. La única mancha sobre sus antecedentes se produjo en su vejez, cuando hizo a sus hijos jueces y ellos pervirtieron el tribunal de justicia (1 Samuel 8.1-3). El fracaso de Samuel como padre fue el único aspecto de su vida que, obviamente, se debió más a la influencia de Elí, el anciano sacerdote, que al ejemplo de Ana.

La dedicación de Ana a su hogar y su maternidad fue siempre ejemplar. Su devoción para con su hijo en esos primeros años convierte su buena voluntad final de entregar a Samuel para una vida del servicio en el tabernáculo en algo extraordinario. Debe haber sido sumamente doloroso para ella enviarlo lejos a tan tierna edad.

En efecto, el tabernáculo llegó a ser su internado y Elí su tutor. Pero es evidente que la influencia de Ana sobre Samuel permaneció como una fuerza guiadora en su vida, más que el modelo espiritualmente débil de Elí.

No hay duda que Ana se mantuvo tan cerca de Samuel como el arreglo lo permitía. Seguro que ella y Elcana incrementaron sus visitas a Silo teniendo en cuenta el amor intenso de Ana por Samuel. Podemos conjeturar que también hicieron sus visitas más prolongadas. La Escritura dice: «Y le hacía su madre una túnica pequeña y se la traía cada año, cuando subía con su marido para ofrecer el sacrificio acostumbrado» (1 Samuel 2.19). Otra vez, «anualmente» en este caso no quiere decir necesariamente «una vez al año». Se refiere a la regularidad y fidelidad de sus visitas. Ana, por lo tanto, continuó ejerciendo una fuerte influencia maternal sobre Samuel durante todos los años de su formación.

La Escritura dice que Dios bendijo a Ana con cinco hijos más: tres niños y dos niñas (v.21). Su hogar y su vida de familia fueron ricos y plenos. Fue bendecida por Dios al permitirle conseguir cada objetivo que alguna vez anheló cumplir. Su amor por el cielo, por su marido, y por su hogar, siguen siendo todavía las prioridades verdaderas de toda madre y esposa piadosa. Su extraordinaria vida se alza como un maravilloso ejemplo para las mujeres de hoy, que desean que sus hogares sean un lugar donde se honra a Dios, aún en medio de una sociedad tenebrosa y pecadora. Ana nos muestra lo que puede hacer el Señor a través de una mujer que se consagra a Él sin reservas.

Puede hacer que su clan se engrandezca.

6

María: Bendita entre todas las mujeres

Y el nombre de la virgen era María. Y entrando el ángel en donde ella estaba, dijo: ¡Salve, muy favorecida! El Señor es contigo; bendita tú entre las mujeres.

Lucas 1.27-28

De todas las mujeres extraordinarias en la Escritura, una se eleva sobre todas las demás como la más bendecida, la más altamente favorecida por Dios y la más universalmente admirada por las otras mujeres. En verdad, ninguna otra mujer es efectivamente más sobresaliente que María. Ella fue a quien Dios en Su soberanía eligió —entre todas las mujeres que alguna vez hayan nacido— para ser el instrumento singular por medio del cual traería al Mesías al mundo.

María misma testificó que todas las generaciones la reconocerían como profundamente bendecida por Dios (Lucas 1.48). Esto no fue porque creyera ser algún tipo de súper ser humano piadoso, sino porque a ella le fue dada tan notable gracia y privilegio.

Aún reconociendo que María fue la más extraordinaria de las mujeres, es bueno decir una palabra de precaución contra la tendencia común de ensalzarla demasiado. Ella fue, después de todo, una mujer, no una semidiosa o una criatura mitad deidad que trascendiera al resto de la raza. El punto de su «bienaventuranza» por cierto, no es que nosotros pensemos en ella como a quien podemos solicitar una bendición, sino más bien, que ella fue supremamente bendecida por Dios. En la Escritura nunca se la presenta como fuente o dispensadora de gracia, sino que es ella misma la receptora de la bendición de Dios. Su Hijo, no María, es la fuente de gracia (Salmo 72.17). Él es la tan largamente esperada Simiente de Abraham de quien la promesa del pacto dijo: «En tu simiente serán benditas todas las naciones de la tierra, por cuanto obedeciste a mi voz»(Génesis 22.18).

Varias tradiciones religiosas extra bíblicas y muchas mentes supersticiosas han beatificado a María mucho más allá de lo razonable, haciendo de ella un objeto de veneración religiosa, imputándole varios títulos y atributos que pertenecen solo a Dios. Una larga tradición de almas hiper fanáticas durante toda historia ha exaltado equivocadamente su estatus divino. Desafortunadamente, aún en nuestra era, María, y no Cristo es el centro de la adoración y culto religioso de millones de personas que la ven como más accesible y más comprensiva que Cristo.

La reverencian como la perfecta Madona, supuestamente intocada por el pecado original, virgen por siempre e incluso co-redentora con Cristo mismo. El dogma católico enseña que fue llevada físicamente a lo alto, donde fue coronada «Reina de los Cielos». Su papel actual, de acuerdo con la leyenda católica, es de mediadora e intercesora. Por lo tanto, multitudes dirigen a ella sus oraciones en lugar de hacerlo solo a Dios, como si María fuera omnipresente y omnisciente.

De hecho, muchas personas supersticiosas imaginan que ven a María en apariciones aquí y allá, e incluso algunas pretenden que de esta manera entrega profecías al mundo. Esta extrema ingenuidad sobre las apariciones de María algunas veces alcanza proporciones ridículas. En noviembre de 2004, un sandwich de queso asado a la parrilla se vendió en 28.000 dólares en una subasta, porque supuestamente tenía una imagen de María grabada en forma sobrenatural en la superficie tostada. Unos meses más tarde, miles de fieles en Chicago construyeron un santuario improvisado a María en el pasaje peatonal de una autopista subterránea porque alguien declaró ver una imagen suya en tintes de sal sobre la pared de hormigón.

Nada menos que el Papa Juan Pablo II declaró su total devoción a María. Dedicó todo su pontificado a ella y tenía una «M» por María bordada en su indumentaria papal. Le oraba, le daba el crédito de haber salvado su vida, e incluso dejó el cuidado de la Iglesia Católica Romana a su voluntad. Roma, desde hace mucho, fomenta el culto mariano, y la superstición sobre María es más popular hoy que nunca antes.

Tantos homenajes en honor de María en las iglesias católicas alrededor del mundo hacen que la centralidad y la supremacía de Cristo se vea a menudo absolutamente oscurecida por la adoración a su madre.

Esta adoración a María no tiene fundamento bíblico. En efecto, es completamente contraria a lo que la Escritura nos enseña expresamente (Apocalipsis 19.10). Pero la tendencia de hacer de María un objeto de adoración no es nueva. Aún durante el ministerio terrenal de Jesús, por ejemplo, hubo algunos que mostraban una reverencia indebida a María a causa de su papel como su madre.

En una ocasión, cuenta la Escritura, una mujer en la muchedumbre levantó su voz y dijo a Jesús: «Bienaventurado el vientre que te trajo, y los senos que mamaste».

Su reacción fue un regaño: «Antes bienaventurados los que oyen la palabra de Dios, y la guardan» (Lucas 11.27-28).

María misma fue un alma sencilla; quien mantuvo en forma consistente un perfil bajo en los relatos sobre la vida de Jesús en los

Evangelios. La Escritura expresamente desenmascara algunas de las principales leyendas acerca de ella. La idea de que permaneció en completa virginidad, por ejemplo, es imposible de reconciliar con la idea de que Jesús tuvo medio hermanos que son nombrados en las Escrituras junto a ambos padres, José y María: «¿No es éste el hijo del carpintero? ¿No se llama su madre María, y sus hermanos, Jacobo, José, Simón y Judas?» (Mateo 13.55) Más adelante, Mateo (1.25) dice que José se abstuvo de tener relaciones íntimas con María solo «hasta que dio a luz a su hijo primogénito; y le puso por nombre JESÚS». De ninguna lectura natural del pleno sentido de la Escritura es posible suponer la idea de la virginidad perpetua de María.

Su inmaculada concepción y su supuesta pureza no tienen de igual modo ningún fundamento bíblico. La alabanza abierta del Magnificat de María habla de Dios como su «Salvador», dejando así implícito testimonio de sus propios labios que ella necesitaba redención. En un contexto bíblico como tal, eso solo puede referirse a la salvación del pecado. María estaba, en efecto, confesando su propia pecaminosidad.

Así, lejos de retratar a María con un halo y una mirada celestial en su rostro, la Escritura la presenta como una joven sencilla, de cualidades comunes en una aldea campesina de una región pobre de Israel, comprometida con un novio de la clase trabajadora que se ganaba la vida como carpintero. Si usted hubiera encontrado a María antes de que su primogénito fuera milagrosamente concebido, no le habría llamado la atención en absoluto. Difícilmente podría haber sido más simple y más humilde. Por todo cuanto sabemos de su entorno y condición social, muy poco de su vida o su experiencia podría ser estimado como extraordinario.

LA HERENCIA DE MARÍA

No obstante, María tenía algunos antepasados ilustres. Lucas nos da su genealogía en detalle (Lucas 3.23-38). Mateo, igualmente, pone en una lista a los de José (Mateo 1.1-16). Tanto José como María descendían de David. Por lo tanto, compartían con David la misma genealogía. La rama de María del árbol de la familia de David puede ser trazada a través del hijo de David llamado Natán, mientras que la rama de José es la línea real, a través de Salomón. A la luz de esto, Cristo heredó el trono de David por medio de su padrastro. Era su derecho como Hijo primogénito. La relación consanguínea con David, sin embargo, vino a través de María, quien desciende de otra irrelevante rama de la familia de David.

Recuerde que Mateo incluye a varias mujeres en la genealogía de Cristo. Puesto que todas vivieron entre Abraham y David, todas son ancestros de José y María incluyendo a Rahab y a Rut. Y por supuesto, a Sara (aunque no aparece nombrada en las genealogías del Nuevo Testamento) que fue la esposa de Abraham y la madre de Isaac. Y Eva, madre de todos los vivientes. En consecuencia, con la sola excepción de Ana, cada una de estas extraordinarias mujeres que hemos examinado extensamente fueron antepasados de María. Y parece haber heredado los mejores rasgos de cada una de ellas. (Como vamos a ver, María refleja los mejores aspectos del carácter de Ana.) Lo más significativo de todo es que, su fe fue un extraordinario ejemplo del tipo de fidelidad que Jesús bendijo. Fue sincera, de adoración ferviente, inocente en su confianza en el Señor y dependiente de Él en todo.

Fue entonces que se encontró inesperadamente inserta, en el mismo papel que cada una de sus ilustres antepasadas había anhelado cumplir. Ella llegaría a ser la madre del Redentor prometido.

El anuncio que cambió su vida

Cuando nos encontramos con María en el Evangelio de Lucas, un arcángel se le aparece sorpresivamente y, sin toque de trompetas, le anuncia el maravilloso plan de Dios. La Escritura dice simplemente: «Al sexto mes el ángel Gabriel fue enviado por Dios a una ciudad de Galilea, llamada Nazaret, a una virgen desposada con un varón que se llamaba José, de la casa de David; y el nombre de la virgen era María»(Lucas 1.26-27).

María es el equivalente del hebreo «Miriam». El nombre puede derivar de la palabra hebrea «amargo». (Como vimos en la historia de Rut, su suegra Noemí se refiere a sí misma como «Mara», en asociación a la amargura de sus pruebas.) La vida de la joven María podía muy bien haber estado llena con amargas tribulaciones. Su pueblo natal era una comunidad desamparada en un distrito pobre de Galilea. Nazaret, recuérdese, soportó genialmente el fuerte rechazo de al menos un futuro discípulo. Cuando Felipe le dijo a Natanael que había encontrado al Mesías y al Ungido, y que era galileo de Nazaret, Natanael se burló: «¿De Nazaret puede salir algo bueno?» (Juan 1.45-46).

María había vivido allí toda su vida, en una comunidad donde, con franqueza, las cosas buenas eran probablemente muy pocas.

De aquí y de allá en la Escritura se pueden obtener otros detalles sobre el entorno de María. Según Juan 19.25, tenía una hermana. El texto bíblico no ofrece datos suficientes que permitan identificar con exactitud a esa hermana, pero obviamente fue una discípula lo suficientemente cercana a Jesús, como para estar presente con las otras fieles mujeres en la crucifixión. María era, además, una pariente cercana de Elisabet, madre de Juan el Bautista (Lucas 1.36). La naturaleza de esta relación no está especificada. Podrían haber sido primas, o Elisabet pudo ser la tía de

María. El relato de Lucas describe a Elisabet como ya «en su vejez». María, por otra parte, parece haber sido muy joven.

En efecto, en la época de la anunciación, María probablemente era una adolescente. La costumbre de esa cultura era que las niñas se comprometieran cuando tenían apenas unos trece años. Los matrimonios eran por lo general arreglados por el novio o sus parientes con el padre de la niña. María estaba comprometida con José, respecto de quien no sabemos casi nada excepto que era un carpintero (Marcos 6.3) y un hombre correcto (Mateo 1.19).

La Escritura es muy clara al enseñar que María era aún virgen cuando Jesús fue milagrosamente concebido en su vientre. Usando un término griego que no permite ningún matiz sutil del significado, Lucas (1.27) la llama virgen en dos ocasiones. El claro decir de la Escritura, y el propio testimonio de María, es que ella nunca había tenido contacto íntimo con ningún hombre. Su compromiso con José era un acuerdo legal conocido como *kiddushin*, que en esa cultura duraba por lo general un año completo. Desde el punto de vista legal, el *kiddushin* o noviazgo era tan obligatorio como el matrimonio mismo. La pareja era considerada como marido y mujer y solo un divorcio legal podía disolver el contrato de matrimonio (Mateo 1.19). Pero durante este tiempo, la pareja vivía separada el uno del otro y no tenían relaciones físicas de ninguna manera. Uno de los principales puntos del *kiddushin* era demostrar la fidelidad de ambos novios.

Cuando el ángel se apareció a María, ella estaba formalmente unida a José por el *kiddushin*. Lucas 1.28-35 describe así el encuentro de María con el ángel:

Y entrando el ángel en donde ella estaba, dijo: ¡Salve, muy favorecida! El Señor es contigo; bendita tú entre las mujeres. Mas ella, cuando le vio, se turbó por sus palabras, y pensaba qué salutación sería esta. Entonces el ángel le dijo: María, no temas, porque has hallado gracia delante de Dios. Y ahora, concebirás en tu vientre, y darás a luz un hijo, y llamarás su nombre JESÚS. Este será grande, y será llamado Hijo del Altísimo; y el Señor Dios le dará el trono de David su padre; y reinará sobre la casa de Jacob para siempre, y su reino no tendrá fin. Entonces María dijo al ángel: ¿Cómo será esto? pues no conozco varón. Respondiendo el ángel, le dijo: El Espíritu Santo vendrá sobre ti, y el poder del Altísimo te cubrirá con su sombra; por lo cual también el Santo Ser que nacerá, será llamado Hijo de Dios.

Retrocediendo hasta Eva, hemos visto a través de todo este libro cómo numerosas mujeres piadosas de los ancestros de María habían atesorado la esperanza de ser aquella por medio de la cual llegaría el Redentor.

Pero el privilegio lo tuvo María a un alto costo, porque le trajo el estigma de un embarazo sin estar casada. A pesar de que había permanecido total y completamente casta, el mundo estaba obligado a pensar lo contrario. Incluso José asumió lo peor. Podemos imaginar cómo sangraba su corazón cuando oyó que María estaba embarazada, y él sabía que no era el padre. Su plan fue dejarla secretamente. Era un hombre recto y la amaba, de modo que la Escritura dice que no deseaba hacer público escarnio de ella, pero al comienzo se sintió tan conturbado con la noticia del embarazo, que no vio otra opción que el divorcio. Entonces un ángel se le apareció en sueños y le reconfortó: «José, hijo de David, no temas recibir a María tu mujer, porque lo que en ella es engendrado, del Espíritu Santo es. Y dará a luz un hijo, y llamarás su nombre JESÚS, porque él salvará a su pueblo de sus pecados» (Mateo 1.20-21).

El sentido común sugiere que María debe haber anticipado todas estas dificultades en el momento en que el ángel le dijo que concebiría un hijo. Su alegría y asombro al saber que sería la madre del Redentor podía, no obstante, verse moderado significativamente por el horror del escándalo que le esperaba. Pero, conociendo el costo y pesando esto contra el inmenso privilegio de llegar a ser la madre de Cristo, María se rindió a sí misma incondicionalmente, diciendo tan solo: «He aquí la sierva del Señor; hágase conmigo conforme a tu palabra» (Lucas 1.38).

No hay evidencia de que María reflexionara sobre los efectos que el embarazo podría tener sobre su reputación. Instantánea, humilde y gozosamente se sometió a la voluntad de Dios sin ninguna duda ni interrogante. Difícilmente podía haber tenido una respuesta más piadosa ante el anuncio del nacimiento de Jesús. Esto demostró que era una joven de fe madura y una creyente del Dios verdadero. Muy pronto se haría evidente su gran regocijo por el plan de Dios.

LA RESPUESTA REVERENTE DE MARÍA

María, llena de júbilo y rebosando de alabanza, se apresuró a ir a la aldea en la montaña para visitar a su amada pariente Elisabet. No hay sugerencia de que María estuviera escapando de la vergüenza de su embarazo prematuro. Al parecer, simplemente deseaba un alma gemela con quien compartir. Explícitamente, el ángel había informado a María sobre la preñez de Elisabet. Así que era algo natural para ella visitar a una pariente cercana, quien era una firme creyente, y que también esperaba su primer hijo por medio de un nacimiento milagroso anunciado por un ángel (Lucas 1.13-19). Aunque Elisabet tenía más edad, quizás cerca de los ochenta, y nunca había podido concebir —y María estaba al comienzo de la vida— ambas habían sido sobrenaturalmente bendecidas por Dios en este aspecto. Era una situación perfecta para que dos mujeres dispusieran de tiempo para regocijarse juntas en la bondad del Señor.

La respuesta inmediata de Elisabet al oír la voz de María le dio a ésta una confirmación independiente de todo lo que el ángel le había dicho. La Escritura dice:

> Y aconteció que cuando oyó Elisabet la salutación de María, la criatura saltó en su vientre; y Elisabet fue llena del Espíritu Santo, y exclamó a gran voz, y dijo: Bendita tú entre las mujeres, y bendito el fruto de tu vientre. ¿Por qué se me concede esto a mí, que la madre de mi Señor venga a mí? Porque tan pronto como llegó la voz de tu salutación a mis oídos, la criatura saltó de alegría en mi vientre. Y bienaventurada la que creyó, porque se cumplirá lo que le fue dicho de parte del Señor (Lucas 1.41-45).

El mensaje de Elisabet fue profético, y María lo comprendió al instante. Ella había sabido por un ángel sobre el embarazo de Elisabet. Nada indicaba que le haya enviado la noticia de su propia circunstancia a Elizabet. En realidad, su llegada repentina tenía todo el sello de una sorpresa para su pariente. El conocimiento de Elisabet sobre el embarazo de María, por lo tanto, provino de una revelación que pronunció en cuanto fue repentinamente llena del Espíritu Santo.

María replicó a su vez con palabras proféticas. Lo que dijo se conoce como el Magnificat (expresión en latín para las primeras palabras del estallido de alabanza de María). Este es en realidad un himno acerca de la encarnación. Sin duda, es una canción de gozo indescriptible y el salmo más imponente de adoración del Nuevo Testamento. Es igual a cualquier salmo del Antiguo Testamento y, como hemos señalado antes, conlleva una fuerte semejanza con el famoso himno de alabanza de Ana por el nacimiento de Samuel. Está pleno de esperanza mesiánica, de lenguaje escritural y de referencias al pacto con Abraham:

Engrandece mi alma al Señor;
Y mi espíritu se regocija en Dios mi Salvador.
Porque ha mirado la bajeza de su sierva;
Pues he aquí, desde ahora me dirán bienaventurada todas las genera-
ciones.
Porque me ha hecho grandes cosas el Poderoso;
Santo es su nombre,
Y su misericordia es de generación en generación
A los que le temen.

Hizo proezas con su brazo;
Esparció a los soberbios en el pensamiento de sus corazones.
Quitó de los tronos a los poderosos,
Y exaltó a los humildes.
A los hambrientos colmó de bienes,
Y a los ricos envió vacíos.

Socorrió a Israel su siervo,
Acordándose de la misericordia
De la cual habló a nuestros padres,
Para con Abraham y su descendencia para siempre
(Lucas 1.46-55).

Es claro que el joven corazón y la mente de María estaban ya totalmente saturados con la Palabra de Dios. Ella incluía no solo los ecos de dos de las oraciones de Ana (1 Samuel 1.11; 2.1-10), sino además varias otras alusiones a la ley, los salmos y los profetas.

LUCAS 1	ANTIGUO TESTAMENTO
• «Engrandece mi alma al Señor»(46)	• «Mi corazón se regocija en Jehová» (1 Samuel 2.1). • «En Jehová se gloriará mi alma»(Salmo 34.1). • «Mi alma se alegrará en mi Dios»(Isaías 61.10).
• «Y mi espíritu se regocija en Dios mi Salvador»(47).	• «He aquí Dios es salvación mía»(Isaías 12.2). • «Y no hay más Dios que yo; Dios justo y Salvador»(Isaías 45.21).
• «Porque ha mirado la bajeza de su sierva»(48).	• «Si te dignares mirar a la aflicción de tu sierva, y te acordares de mí, y no te olvidares de tu sierva»(1 Samuel 1.11). • «Habrá considerado la oración de los desvalidos, y no habrá desechado el ruego de ellos» (Salmo 102.17). • «Porque para siempre es su misericordia» (Salmo 136.23).
• «Pues he aquí, desde ahora me dirán bienaventurada todas las generaciones»(48).	• «Y dijo Lea: Para dicha mía; porque las mujeres me dirán dichosa»(Génesis 30.13). • «Y todas las naciones os dirán bienaventurados» (Malaquías 3.12).
• «Porque me ha hecho grandes cosas el Poderoso»(49).	• «Y tu justicia, oh Dios, hasta lo excelso. Tú has hecho grandes cosas»(Salmo 71.19). • «Grandes cosas ha hecho Jehová con nosotros»(Salmo 126.3). • «No hay santo como Jehová»(1 Samuel 2.2). • «Porque así dijo el Alto y Sublime, el que habita la eternidad, y cuyo nombre es el Santo»(Isaías 57.15).

LUCAS 1	ANTIGUO TESTAMENTO
• «Y su misericordia es de generación en generación, a los que le temen»(50).	• «Engrandeció su misericordia sobre los que le temen»(Salmo 103.11). • «Mas la misericordia de Jehová es desde la eternidad y hasta la eternidad sobre los que le temen, y su justicia sobre los hijos de los hijos»(Salmo 103.17). • «Mi justicia permanecerá perpetuamente, y mi salvación por siglos de siglos»(Isaías 51.8).
• «Hizo proezas con su brazo»(51).	• Tuyo es el brazo potente; fuerte es tu mano, exaltada tu diestra»(Salmo 89.13). • «Cantad a Jehová cántico nuevo, porque ha hecho maravillas; su diestra lo ha salvado, y su santo brazo»(Salmo 98.1). • «Jehová desnudó su santo brazo ante los ojos de todas las naciones»(Isaías 52.10).
• «Esparció a los soberbios en el pensamiento de sus corazones»(51).	• Con tu brazo poderoso esparciste a tus enemigos (Salmo 89.10). • «...porque el intento del corazón del hombre es malo desde su juventud»(Génesis 8.21).
• «Quitó de los tronos a los poderosos, y exaltó a los humildes»(52).	• «Jehová mata, y él da vida; Él hace descender al Seol, y hace subir. Jehová empobrece, y él enriquece; abate, y enaltece. Él levanta del polvo al pobre, y del muladar exalta al menesteroso, para hacerle sentarse con príncipes y heredar un sitio de honor» (1 Samuel 2.6-8). • «Él quebrantará a los fuertes sin indagación, y hará estar a otros en su lugar»(Job 34.24).

LUCAS 1	ANTIGUO TESTAMENTO
• «A los hambrientos colmó de bienes, y a los ricos envió vacíos»(53).	• «Porque sacia al alma menesterosa, y llena de bien al alma hambrienta»(Salmo 107.9).
• «Socorrió a Israel su siervo, acordándose de la misericordia de la cual habló a nuestros padres, para con Abraham y su descendencia para siempre»(54-55).	• «Se ha acordado de su misericordia y de su verdad para con la casa de Israel»(Salmo 98.3). • «Yo te formé, siervo mío eres tú; Israel, no me olvides»(Isaías 44.21). • «Cumplirás la verdad a Jacob, y a Abraham la misericordia, que juraste a nuestros padres desde tiempos antiguos»(Miqueas 7.20). • «Oh vosotros, descendencia de Abraham su siervo, hijos de Jacob, sus escogidos. Él es Jehová nuestro Dios; en toda la tierra están sus juicios. Se acordó para siempre de su pacto; de la palabra que mandó para mil generaciones, la cual concertó con Abraham, y de su juramento a Isaac»(Salmo 105.6-9).

Aquellos que canalizan sus energías religiosas hacia la veneración de María harían bien en aprender de ella. Dios es el *único* a quien ella exaltó. Es notable la forma en que alabó la gloria y la majestad de Dios mientras reconocía su propia humildad en forma reiterada. No hizo ostentación de lo bueno de sí misma, sino que elogió al Señor por sus atributos proclamándolo como el único y supremo Señor por su poder, su misericordia y su santidad. Libremente confesó las grandes cosas que Dios hizo por ella, y no al revés. Toda la alabanza habla de la grandeza *de Dios*, de *su* gloria, de la fuerza de *su* brazo, y de *su* fidelidad a través de las generaciones.

La adoración de María era evidentemente del corazón. Estaba conmovida por la maravilla de su gracia. Parecía completamente

asombrada por las grandes cosas que el Señor hacía tan inmerecida-
mente en ella. Esta no era la oración de alguien que alegaba haber
sido concebida en forma inmaculada, sin la corrupción del pecado
original. Era, por el contrario, el regocijo feliz de quien reconocía
íntimamente a Dios como su *Salvador*. Podía celebrar el hecho que
la piedad de Dios está por sobre los que le temen, porque ella
misma tenía temor de Dios y había recibido su piedad. Y supo de
primera mano cómo Dios exalta al humilde y satisface al
hambriento con buenas cosas, pues ella misma era una humilde
pecadora que había tenido hambre y sed no obstante, su rectitud,
ya había sido saciada.

Era costumbre en las oraciones judías recitar la fidelidad
anterior de Dios para con su pueblo (Éxodo 15; Jueces 5; Salmos
68, 78, 104, 105, 114, 135, 136, 145, y Habacuc 3). María continuó
esa tradición aquí de manera abreviada. Recordó cómo Dios había
ayudado a Israel, dando cumplimiento a todas sus promesas.
Ahora, su propio hijo sería la satisfacción viviente de la promesa
guardada de Dios. No es de asombrarse que el corazón de María
estuviera rebosando con tal alabanza.

La relación con su hijo

En todo el ministerio terrenal de Cristo, María aparece solamente
en tres ocasiones. En dos de esas oportunidades, Jesús mismo negó
explícitamente la idea de que la autoridad terrenal que tenía sobre
él como su madre le diera derecho a intervenir sobre cualquier
aspecto de su trabajo. Por supuesto, hizo esto sin el más mínimo
gesto de falta de respeto, ya que sólo deseaba resaltar que María no
era en absoluto una mediadora de su gracia.

La primera de estas ocasiones se presentó durante las Bodas de Caná, cuando Jesús realizó su primer milagro. El apóstol Juan recuerda lo que ocurrió: «Y faltando el vino, la madre de Jesús le dijo: No tienen vino» (Juan 2.3). El anfitrión de la boda era sin duda un amigo íntimo de la familia, al que María apreciaba muchísimo. (Nótese que el versículo 1 dice «y estaba allí la madre de Jesús», pero el versículo 2 agrega: «Y fueron también invitados a las bodas Jesús y sus discípulos». María asistió evidentemente para ayudar a coordinar la recepción para su amigo. Por lo tanto, ella fue una de las primeras en darse cuenta que el vino disponible no sería suficiente.) María además sabía muy bien, que Jesús tenía los medios, para solucionar aquel embarazoso inconveniente de la reunión social; y le estaba pidiendo con habilidad que hiciera algo para resolverlo. No está claro que ella haya previsto la clase de milagro que Jesús realizaría. Podría haber estado sugiriéndole una declaración apropiada, que ayudara a mitigar el bochorno de los anfitriones. O, lo que parece más probable, tenía completamente claro que Él era el profeta a quien Moisés anunció, y esperaba, tal como Moisés lo había hecho tan a menudo, que hiciera un milagro para suplir lo que faltaba. No hizo ninguna petición ostensible, pero su significado fue obviamente explícito para su Hijo.

Por Su parte, Jesús tenía toda la intención de reabastecer milagrosamente de vino, porque eso es lo que posteriormente hizo. Él nunca fue propenso a vacilar, dudar o cambiar Su mente (Hebreos 13.8). El hecho de que Él finalmente realizara el milagro era prueba de que *planeó* hacerlo. Pero la Escritura sugiere que su respuesta a María fue algo brusca. Fue tan directo como María había sido con Él: «Jesús le dijo: ¿Qué tienes conmigo, mujer? Aún no ha venido mi hora»(Juan 2.4). No estaba siendo rudo y nada indica que María se haya sentido acongojada u ofendida con su respuesta. En aquella cultura, dirigirse a otra persona como

«mujer» era de una formalidad típica. Era brusco sin ser imperti-
nente. Pero en el apacible reproche de sus palabras y su tono no
había una escapatoria. La pregunta, «¿Qué tienes conmigo?» es un
desafío visto varias veces en las Escrituras (Jueces 11.12; 2 Samuel
16.10; Esdras 4.2-3; Mateo 8.29). Conllevaba un claro tono de
desagrado y de fuerte amonestación. Sin embargo, no hay ninguna
sugerencia de que María lo tomara como una afrenta. Su intento no
fue ofender sino corregir e instruir.

María debe haber recordado un incidente similar de años ante-
riores. Como un joven recién entrando en la adolescencia, Jesús se
separó de sus padres en el templo. Después de una frenética
búsqueda, lo encontraron, y María suavemente lo reprendió por
preocuparlos. Él replicó con lo que parece fue genuino asombro:
«¿Por qué me buscabais? ¿No sabíais que en los negocios de mi
Padre me es necesario estar?» (Lucas 2.49). Él estaba, en efecto,
rechazando cualquier noción sobre los intereses de su padre
terrenal que jamás podrían estar, por encima de la autoridad de su
Padre celestial.

Aquí, en la boda de Caná, su mensaje para María fue similar. En
asuntos espirituales, la función terrenal de mamá no le daba ningún
derecho para intentar manejar su misión, puesto que ésta, debía
cumplir a cabalidad la voluntad del Padre en el tiempo propicio.
Como hombre, Él era su hijo. Pero como Dios, Él era su Señor; no
le correspondía, por tanto, darle órdenes en asuntos espirituales. El
modo en que Él le habló simplemente le recordó ese hecho sin
mostrarle ninguna falta de respeto.

Entonces convirtió el agua en vino.

Después de eso, María siempre permaneció en un segundo
plano. Ella nunca buscó ni aceptó la clase de preeminencia que
tantos parecen empecinados en imponerle. Tampoco intentó inter-
ceder otra vez ante Él por milagros, favores especiales u otras

bendiciones en representación de sus amigos, parientes o alguien más. Solo la más absoluta necedad hace que muchos imaginen que ha usurpado esa función desde su posición en el cielo.

María apareció otra vez durante el ministerio terrenal de Jesús cuando la multitud que seguía a Jesús era más grande que nunca. Marcos dice que ni siquiera tenían tiempo para comer (Marcos 3.20). Los miembros de su propia familia empezaron a preocuparse por su seguridad y concluyeron equivocadamente, por cierto, que no estaba en sus cabales (v.21). La Escritura dice que fueron hasta Él intentando alejarlo de la multitud, y de las pesadas demandas que le hacían.

Entretanto, algunos escribas vinieron de Jerusalén y acusaron a Jesús de echar fuera demonios en el poder de Beelzebú (v.22). Marcos pinta un cuadro vívido de caos, oposición y grandes multitudes con todo tipo de necesidades presionando a Jesús. Fue en este contexto que vinieron los miembros de su familia inmediata para tratar de sacarlo de en medio de la muchedumbre por su propia seguridad. Marcos 3.31-35 nos cuenta lo sucedido:

Vienen después sus hermanos y su madre, y quedándose afuera, enviaron a llamarle. Y la gente que estaba sentada alrededor de él le dijo: Tu madre y tus hermanos están afuera, y te buscan. Él les respondió diciendo: ¿Quién es mi madre y mis hermanos? Y mirando a los que estaban sentados alrededor de él, dijo: He aquí mi madre y mis hermanos. Porque todo aquel que hace la voluntad de Dios, ése es mi hermano, y mi hermana, y mi madre.

Jesús envió el mismo mensaje otra vez. Hasta donde concernía a su trabajo espiritual, sus parientes terrenales, no tenían más derechos que cualquiera otra persona. Por cierto, Él no puso a María en ningún plano de exaltación sobre sus otros discípulos. Él conocía mejor que ella los límites de su poder humano. No dejaría de hacer, aunque lo presionaran, lo que tenía que hacer. No sería interrumpido ni se permitiría salirse del camino, aunque fuera por una sincera inquietud maternal. Como siempre, tenía que concentrarse en los asuntos de su Padre, y no necesitaba consultarla a ella para eso.

Una vez más, sin embargo, vemos a María aprendiendo a someterse a Él como su Señor, más bien que tratando de controlarlo como su madre. Ella se convirtió en su fiel discípula. Parece haber asumido la realidad en el sentido que, Él tenía trabajo por hacer y ella no podía dirigirlo. Al final lo siguió durante todo el camino de la cruz y esa oscura tarde en que murió, estaba parada junto a un grupo de mujeres, observando en medio del dolor y el horror. La crucifixión fue la tercera y última parte en que María aparece al lado de Jesús durante los años de su ministerio público.

La espada que atravesó su corazón

Es probable que María haya tenido siempre la sospecha de que ese día llegaría. Seguramente había oído a Jesús hablar (como Él a menudo lo hizo) sobre su propia muerte. En efecto, la nube de esta inevitable realidad, había pendido sobre la mente de María desde la infancia de Jesús. Ésta era sin duda una de las cosas que ella guardaba y sobre las que reflexionaba en su corazón (Lucas 2.19-51). El Evangelio de Lucas cuenta cómo la primera señal de una impensada tragedia, penetró en la conciencia de María.

Cuando Jesús era aún un niño recién nacido, sus padres terrenales lo llevaron al templo para dedicarlo al Señor en conformidad con las instrucciones de Éxodo 13.2: «Conságrame todo primogénito. Cualquiera que abre matriz entre los hijos de Israel, así de los hombres como de los animales, mío es». José y María vinieron con un sacrificio de dos tórtolas (Lucas 2.24) que era lo que la ley prescribía para las personas muy pobres que no podían ofrecer un cordero (Levítico 12.8). Ese día, la pequeña familia de Nazaret encontró a dos siervos de Dios, de edad avanzada, Simeón y Ana. (Ana será el tema del siguiente capítulo.)

Simeón era un anciano a quien la escritura describe como «justo y piadoso, que esperaba la consolación de Israel» (Lucas 2.25). El Espíritu de Dios le había revelado que él tendría el privilegio de ver al Mesías antes de morir. El día en que José y María presentaron a Jesús en el templo, el Espíritu Santo permitió que también Simeón estuviera allí (v.27).

Tan pronto como Simeón vio a Jesús, supo que era el Ungido del Señor. La Escritura dice que él tomó a Jesús en sus brazos y pronunció una profecía. Entonces, volviéndose a María, le dijo: «He aquí, éste está puesto para caída y para levantamiento de muchos en Israel, y para señal que será contradicha (y una espada traspasará tu misma alma), para que sean revelados los pensamientos de muchos corazones» (Lucas 2.34-35).

Es probable que en el proceso de escribir su Evangelio, Lucas halla visto detalles acerca del nacimiento de Jesús y de la vida de María. Lucas 1.1-4 indica que tenía acceso a los testimonios de muchos testigos oculares. Puesto que incluye varios detalles que solo María puede haber conocido, podemos estar casi seguros, que María misma fue una de las fuentes primarias de Lucas. La inclusión de varios hechos de la infancia de Jesús (2.19, 48, 51) sugiere que este fue el caso. El propio testimonio de María como testigo debe haber sido la fuente para el relato de la profecía de Simeón, porque ¿quién sino ella puede haber conocido y relatado este incidente? Al parecer, la críptica profecía del anciano nunca abandonó su mente.

Años más tarde, cuando María estaba de pie observando como un soldado atravesaba el costado de Jesús, debe haber sentido, por cierto, que una espada atravesaba su propia alma. En ese mismo momento debe haber recordado la profecía de Simeón y entendido, con toda su fuerza, su verdadero significado.

Mientras María observaba quietamente morir a su hijo, otros le gritaban burlas perversas e insultos. Su percepción de la injusticia que le hacían, debe haber sido muy profunda. Después de todo, nadie comprendía mejor que María la total perfección inmaculada de Jesús. Lo había amamantado cuando era un niño y lo había cuidado a través de toda su infancia. Nadie podía amarlo más de lo que ella lo amaba. Todos esos hechos solamente aumentaban el agudo dolor que sentiría cualquier madre ante tan horrible visión. El dolor y la angustia de María eran casi inimaginables. Sin embargo, ella permaneció de pie, estoica, silenciosamente cuando muchas mujeres habrían huido en medio del horror, habrían gritado, se habrían retorcido en medio del pánico o simplemente habrían colapsado ante esa agonía abrumadora. María era evidentemente una mujer de gracia, digna y de valor. Comprendía que su presencia constante al lado de Jesús, era el único tipo de apoyo que podía darle en ese momento tan terrible. Pero incluso eso era simplemente una función pública de apoyo. El sufrimiento personal de María no representaba ningún tipo de participación en el trabajo de expiación de Cristo. Su dolor no añadió méritos al sufrimiento de Jesús por la culpabilidad de otros. Estaba cargando los pecados del mundo. No podía ayudarlo con eso. Ni Él necesitaba la ayuda de ella como «co-redentora»o «co-mediadora». «Porque hay un solo Dios, y un solo mediador entre Dios y los hombres, Jesucristo hombre» (1 Timoteo 2.5).

María misma no trató de intervenir en ese oficio; es una afrenta que mucha gente pretenda ponerla en ese papel. Tantas personas insisten en tratar de que esté ahí. En realidad, en las postreras horas de la vida de Jesús, fue Él quien la ayudó. Ya en el trance final de la muerte, divisó a María de pie en las cercanías, junto a un grupo de mujeres y Juan, el discípulo amado. En ese momento, Jesús reconoció su relación humana con María. En el relato de su propio Evangelio, Juan describe lo que sucedió: «Cuando vio Jesús a su madre, y al discípulo a quien él amaba, que estaba presente, dijo a su madre: Mujer, he ahí tu hijo. Después dijo al discípulo: He ahí tu madre. Y desde aquella hora el discípulo la recibió en su casa» (Juan 19.26-27).

Así que uno de los últimos actos terrenales antes de entregar su vida a Dios fue asegurarse de que por el resto de sus días, María sería cuidada. Ese acto resume la relación entre María y su hijo primogénito. Ella fue su madre terrenal; pero Él fue su Señor eterno.

María entendió y asumió esta relación. Se inclinó ante su autoridad en asuntos celestiales al igual que en su infancia Él estuvo sujeto a su autoridad materna en asuntos terrenales (Lucas 2.51). Como madre, ella tenía a la vez que proveer para sus necesidades, pero en un sentido último y eterno, Él fue su salvador y proveedor.

María fue diferente a todas las otras madres. Las mamás piadosas están típicamente absortas en la tarea de preparar a sus niños para el cielo. El hijo de María era el Señor y Creador del cielo. Con el tiempo, ella llegó a percibir la absoluta importancia de esta verdad, que hacía rebozar su corazón. Llegó a ser discípula y adoradora. Su relación maternal con su hijo se fue a un segundo plano. Ese momento en la cruz —cuando Jesús puso a su madre al cuidado de Juan— formalmente marca el fin de la relación terrenal de María con Jesús.

Después de la muerte de Jesús, María aparece solo una vez más en la Biblia. En la crónica de Lucas sobre la iglesia primitiva, es citada entre los discípulos, que estaban orando juntos en Jerusalén el día de Pentecostés (Hechos 1.14). Su nombre nunca es mencionado en las epístolas. Está claro que la iglesia primitiva nunca pensó en hacer de ella un objeto de veneración religiosa, como muchos lo han hecho en los siguientes anales de varias tradiciones cristianas.

María misma nunca reclamó ser, o pretendió ser, nada más que una humilde servidora del Señor. Fue extraordinaria porque Dios la usó de una manera extraordinaria. Claramente pensaba de sí misma como alguien común. Es presentada en la Escritura, como un instrumento a quien Dios usó en el cumplimiento de su plan. Ella misma, nunca tuvo ninguna pretensión de ser una administradora de la agenda divina, y nunca le dio a nadie, algún encargo para recordarla como una mediadora en la dispensa de la gracia divina. La baja perspectiva reflejada en el Magníficat de María, es el mismo simple espíritu de humildad que marcó su vida y su carácter.

Es verdaderamente lamentable que la superstición religiosa haya convertido a María en un ídolo. Por cierto, es una digna mujer a quien deberíamos imitar, pero María misma se horrorizaría sin duda al pensar que alguien le rogara, venerara su imagen, o le encendiera velas como homenaje a ella. Su vida y su testimonio apuntan consistentemente a su Hijo. *Él* fue el objeto de su adoración. Fue al que reconoció como su Señor. *Él* fue en quien confió siempre.

El ejemplo de María, visto a la luz pura de la Escritura, nos enseña a hacer lo mismo.

7

ANA: UN TESTIGO FIEL

Esta, presentándose en la misma hora, daba gracias a Dios, y hablaba del niño a todos los que esperaban la redención en Jerusalén.

Lucas 2.38

Es realmente notable que cuando Jesús nació muy poca gente en Israel lo reconoció como el Mesías. No era que nadie lo estuviera esperando sino que la expectativa mesiánica, a comienzos del primer siglo, se daba a un nivel muy alto.

Daniel en su famosa profecía sobre «el Mesías Príncipe» (Daniel 9.24-27), prácticamente había señalado la fecha. Él escribió: «Setenta semanas están determinadas... Sabe, pues, y entiende, que desde la salida de la orden para restaurar y edificar a Jerusalén hasta el Mesías Príncipe, habrá siete semanas, y sesenta y dos semanas». Si las semanas de Daniel (literalmente, «sietes» en el hebreo) se entienden como un período de siete años, Daniel está describiendo un período de 483 años en total: «siete semanas» (cuarenta y nueve años) más «sesenta y dos semanas» (434 años). «La orden de restaurar y construir Jerusalén» parece referirse al decreto de Artajerjes (Nehemías 2.1-8) dictado el 444 o el 445 a.C. Si los años

144

eran contados por el calendario lunar de 360 días, la tabla del tiempo de Daniel fijaría la aparición del Mesías Príncipe alrededor del 30 A.D. que fue el año de su entrada triunfal.

Las Escrituras registran que cuando Juan el Bautista inició su ministerio, «el pueblo estaba en expectativa, preguntándose todos en sus corazones si acaso Juan sería el Cristo» (Lucas 3.15). En realidad, varios de los primeros discípulos encontraron a Cristo por la razón de que estaban observando expectantes que Él apareciera, y fueron donde Juan el Bautista, quien anunciaba el camino de Cristo (Juan 1.27-37).

El hecho es que, por el tiempo exacto en que Jesús nació, prácticamente todos los fieles creyentes en Israel estaban ansiosos esperando al Mesías e inquiriendo diligentemente por Él. La ironía es que muy pocos lo reconocieron, porque no llenaba ninguna de sus expectativas. Ellos estaban esperando un líder político y militar que llegaría a ser un rey conquistador y había nacido en una familia campesina. Probablemente anticiparon que llegaría con gran fanfarria y boato pero nació en un establo, casi en secreto. Los únicos en Israel que lo reconocieron en su nacimiento fueron personas humildes, gente sin notoriedad. Los magos de Mateo 2.1-12 eran extranjeros y gentiles y aunque eran ricos, poderosos e influyentes, lo eran en su propia cultura. Pero los únicos *israelitas* que desde su nacimiento entendieron que Jesús era el Mesías, fueron María y José, los pastores, Simeón y Ana. Todos ellos eran, básicamente, nadie. Lo reconocieron porque los ángeles se lo anunciaron, o por alguna otra forma especial de revelación. Lucas relata todas sus historias en sucesión, como si estuviera llamando a múltiples testigos, uno a la vez, para fundamentar el asunto.

Al último testigo que llama es Ana. Todo lo que la Escritura dice acerca de ella alcanza solo a tres versículos: Lucas 2.36-38. Nunca más es mencionada en ninguna otra parte de la Biblia. Pero estos tres versículos son suficientes para establecer su reputación como una mujer genuina y extraordinaria.

> *Estaba también allí Ana, profetisa, hija de Fanuel, de la tribu de Aser, de edad muy avanzada, pues había vivido con su marido siete años desde su virginidad, y era viuda hacía ochenta y cuatro años; y no se apartaba del templo, sirviendo de noche y de día, con ayunos y oraciones. Esta, presentándose en la misma hora, daba gracias a Dios, y hablaba del niño a todos los que esperaban la redención de Jerusalén.*

La escena es la misma que vimos antes de finalizar nuestro capítulo anterior. Simeón recién ha tomado en sus brazos al niño Jesús y ha pronunciado una bendición profética sobre Él. «En ese instante», dice Lucas, presentándose Ana, inmediatamente entendió qué pasaba y quién era Cristo. Quizás ella escuchó la bendición de Simeón. Probablemente lo conocía personalmente. Ana misma era claramente una presencia fija en el templo y a Simeón se lo describe como «justo y devoto» (v.25). Ambos eran muy ancianos. Parece no obstante, que sus caminos nunca se cruzaron. Probablemente conociendo la reputación de Simeón como un hombre recto, cuyo único deseo era ver «el Consuelo de Israel» con sus propios ojos antes de morir, se detuvo y entendió cuando oyó la gozosa bendición que pronunció sobre Jesús.

Como cada una de las mujeres extraordinarias que hemos visto a lo largo de este libro, la esperanza y los sueños de Ana estaban llenos de expectativa mesiánica. Conocía las promesas del Antiguo Testamento, y entendió que la salvación del pecado y la futura bendición de Israel dependían de la llegada del Mesías. Su anhelo de verle fue súbita y sorpresivamente colmado para un día en que ella cumplía su rutina normal en el templo.

Ana aparece solamente en una viñeta muy breve del Evangelio de Lucas, pero su inclusión allí revela la importancia de su vida y testimonio. Fue bendecida por Dios para ser una de entre el puñado de testigos clave, que supo y comprendió, el significado trascendente del nacimiento de Jesús. Y no hizo ningún intento por guardarlo en secreto.

Por lo tanto, fue uno de los primeros y más perdurables testigos de Cristo. Indudablemente dondequiera que el Evangelio de Lucas es proclamado, su testimonio todavía conduce a los creyentes hacia el Salvador. Por lo tanto, ella merece un lugar prominente en cualquier listado de mujeres extraordinarias.

En realidad, mucho sobre la extraordinaria vida de Ana puede sacarse a partir de los tres breves versículos de la Escritura dedicados a su historia. El relato de Lucas está cargado de frases clave que nos dan datos asombrosamente abundantes sobre el carácter y la vida de Ana.

«ERA PROFETISA»

Lucas la presenta de esta manera: «Estaba también allí Ana, profetisa...» (Lucas 2.36) Como la Ana del Antiguo Testamento, madre de Samuel, el significado del nombre de esta Ana es el mismo. Quiere decir «gracia», un nombre apropiado para una mujer piadosa y digna. Esta Ana tiene algunas semejanzas sorprendentes con su homónima del Antiguo Testamento. Ambas mujeres se distinguieron por su práctica de la oración y el ayuno. Ambas se sentían como en su casa en el templo. Las dos profetizaron. En el caso de la madre de Samuel, seguramente usted recordará que su oración de celebración (1 Samuel 2.1-10) fue también un salmo profético sobre el Mesías. De esta Ana se dice que fue una *profetisa* cuyo corazón estaba preparado para la venida del Mesías.

¿Qué entendía Lucas por profetisa? No estaba sugiriendo que Ana predijo el futuro. Ella no era una adivina. Ni siquiera sugiere que haya recibido revelación especial de Dios. La palabra profetisa simplemente designaba a una mujer que hablaba Palabra de Dios. Cualquier predicador que declare fielmente la Palabra de Dios puede ser llamado «profeta», en el sentido bíblico general. Y una profetisa sería una mujer excepcionalmente dedicada a proclamar la Palabra de Dios.

Ana podría haber sido una maestra del Antiguo Testamento para otras mujeres. O podría haber tenido simplemente un ministerio privado en el templo, ofreciendo palabras de aliento e instrucción sobre las Escrituras hebreas a otras mujeres que asistieran al culto. Nada indica que fuera una fuente de revelación, o que alguna revelación especial haya venido de ella directamente. Incluso su convicción de que Jesús era el Mesías parecía venir de la revelación dada a Simeón, y que ella alcanzó a oír. No obstante, es llamada profetisa porque tenía el hábito de proclamar la verdad de la Palabra de Dios a otros. Este talento para proclamar la verdad de Dios jugó finalmente un papel muy importante en el ministerio, por el cual todavía se la recuerda.

En todo el Antiguo Testamento, de solamente cinco mujeres se habla como «profetisas». La primera es María, la hermana de Moisés, identificada como tal en Éxodo 15.20, donde dirige a las mujeres de Israel en un salmo de alabanza a Dios, por haber ahogado al faraón y su ejército. El sencillo salmo de una estrofa que María cantó fue la sustancia de su única recordada profecía (v. 21). Desafortunadamente, el hecho que Dios haya hablado una vez a través de ella se convirtió más tarde en motivo de orgullo y rebelión

(Números 12.1-2), por lo cual el Señor tuvo que disciplinarla morti-
ficándola temporalmente con la lepra (vv. 9-15).

En Jueces 4.4, se nos presenta a la segunda mujer del Antiguo
Testamento designada como profetisa: «Débora, profetisa, mujer
de Lapidot» (Jueces 4.4). Débora era la única mujer entre el
variado conjunto de jueces, que guió al pueblo judío antes de que
la monarquía se estableciera en Israel. A decir verdad, es la única
mujer en toda la Escritura, que ejerció esa clase de liderazgo y fue
bendecida por ello. El Señor pareció levantarla, como un reproche
a los hombres de su generación, que estaban paralizados por el
miedo. Ella no se veía a sí misma como una usurpadora de la
posición de los hombres, sino solamente como una mujer que
funcionaba en su capacidad maternal, mientras que hombres como
Barac eran alzados para asumir sus propios funciones de liderazgo
(5.12). Por eso, ella se refiere a sí misma como «una madre en
Israel»(v.7). Dio las instrucciones del Señor a Barac (Jueces 4.6), de
modo que parece que ella recibió revelación de Dios, al menos en
esa oportunidad.

En 2 de Reyes 22.14, la Escritura menciona a Hulda como una
profetisa. En los versículos 15-20, Hulda tiene una palabra del
Señor para el sacerdote Hilcías y otros. No se conoce nada sobre
ella o su entorno. A decir verdad, es mencionada solamente aquí y
en un pasaje paralelo en 2 Crónicas 34.22-28.

Las otras dos únicas mujeres llamadas profetisas en el Antiguo
Testamento son una casi desconocida de nombre Noadías
(Nehemías 6.14), mencionada entre los profetas falsos; y la esposa
de Isaías (Isaías 8.3), quien fue llamada así solo por estar casada con
el profeta, y no porque ella misma profetizara (a menos que su
decisión de llamar a su hijo Maher-shalal-hashbaz pudiera conside-
rarse una profecía).

Muy pocas veces habló Dios a su pueblo a través de mujeres, y nunca dio a ninguna de ellas un ministerio similar al de Elías, Isaías o cualquiera de los otros profetas clave del Antiguo Testamento. En otras palabras, no hay nada en ninguna parte de las Escrituras que indique que las mujeres ejercieron el *oficio* profético. La idea de que «profetisa» era un término técnico para una posición oficial, o un ministerio corriente de directa revelación, simplemente no se encuentra en ninguna parte de la Escritura.

La identificación que Lucas hace de Ana como «profetisa», no obstante, no quiere decir que ella recibió personalmente la revelación. Cuando Lucas la llama «profetisa», no tenemos por qué creer que fue el *oficio* que ella cumplió. Es más posible que haya tenido reputación como una talentosa maestra de otras mujeres y una fiel alentadora de sus compañeros de adoración en el templo. Cuando hablaba, hablaba de la Palabra de Dios. Evidentemente dedicó su vida a guardar la Palabra de Dios en su corazón. Ese era la esencia misma del mensaje de Ana. De modo que cuando Lucas la llama «profetisa», está dando una mirada al interior de su personalidad y está ofreciendo una primicia de lo que ocupaba su mente y su conversación.

«DE LA TRIBU DE ASER»

Más adelante, se identifica a Ana como «la hija de Fanuel, de la tribu de Aser» (Lucas 2.36). Se menciona su genealogía por lo poco común que es. Aser fue el octavo hijo de Jacob. Era descendiente de Zilpa, la sierva de Lea y concubina de Jacob (Génesis 30.12-13). La tribu que descendió de Aser perteneció a Israel, reino apóstata del norte. Si usted conoce la historia del Antiguo Testamento, recordará que el reino se divide después del tiempo de Salomón.

Las diez tribus en el norte forman una nación independiente, con sus propios reyes (que no eran los correctos herederos al trono de David sino usurpadores). Desde ese entonces, en el Antiguo Testamento el nombre «Israel» es aplicado al reino apóstata del norte. El reino del sur se llamó «Judá». (Fue así porque Judá fue la más grande de las dos tribus que permanecieron en el sur; la otra fue la de Benjamín.)

El reino del sur permaneció leal al trono davídico. Por supuesto, la ciudad de Jerusalén se alzaba en el corazón del reino del sur, junto al límite entre Judá y Benjamín. El templo era todavía el único lugar donde el verdadero sacerdocio podía ofrecer sacrificios. Unos pocos fieles israelitas de cada una de las diez tribus emigraron al sur, de modo que ellos no fueron separados del templo, pero al hacerlo así, abandonaron la tierra de sus antepasados y sus heredades.

Judá e Israel permanecieron independientes uno del otro por generaciones. A veces eran aliados incómodos. La mayoría del tiempo, no obstante, fueron amargos rivales. La apostasía y la idolatría invadían a ambas naciones continuamente. Dios envió profetas para amonestar tanto a las tribus del norte como a las del sur, pero los profetas, eran por lo general despreciados en ambos lados de la frontera. Reyes perversos se sentaron en ambos tronos. Judá tuvo una mezcla de unos pocos reyes buenos y piadosos, pero todos los reyes de Israel fueron pecadores.

Naturalmente, el reino apóstata de Israel construyó nuevos lugares de culto y estableció un sacerdocio alternativo. Esto rápidamente llevó a la total corrupción la religión judía. Una siniestra forma de paganismo saturó la cultura. Finalmente, el año 722 a.C., los asirios conquistaron las diez tribus del norte y llevaron cautivas a la mayor parte del pueblo. Solo un puñado de ellos pudo regresar.

El hecho de que Ana descienda de la tribu de Aser sugiere que la mayoría de su herencia se debe a la gracia de Dios. Sus ancestros habían emigrado al sur antes de la conquista de Israel por los asirios, o estaban entre los pequeños y dispersos grupos de exiliados que retornaron de la cautividad. De cualquier modo, ella era parte del grupo de creyentes del reino del norte, y fue por consiguiente, un emblema vivo de la fidelidad de Dios para con su pueblo.

«ESTA MUJER ERA UNA VIUDA»

Por el tiempo en que nació Jesús, Ana era de edad avanzada. No había disfrutado de una vida particularmente fácil. Todo su mundo había sido destrozado por la tragedia cuando era aún muy joven, al parecer aún antes de que tuviera hijos. Su marido murió a los siete años de matrimonio, y desde entonces permaneció sola.

El texto griego es ambiguo cuando trata su edad exacta. («Era una viuda de alrededor de ochenta y cuatro años»). Esto podría significar literalmente que había sido viuda por ochenta y cuatro años. Asumiendo que se casó muy joven (recuerde, en esa sociedad trece años era la edad típica para comprometerse), después vivió con su marido siete años antes de que él muriese; eso la haría de al menos ciento cuatro años. Muy anciana en verdad, pero no imposible.

Lo que el texto quiere decir, probablemente, es que ella es una viuda de ochenta y cuatro años. Llevaba casada siete años cuando su marido murió, y no habiéndose casado de nuevo, vivía ahora como viuda por más de seis décadas.

La viudez en esa sociedad era extremadamente difícil. Constituía casi una garantía de una vida de extrema pobreza. Por eso es que, en la iglesia primitiva, el apóstol Pablo recomienda a las viudas que vuelvan a casarse (1 Timoteo 5.14), para que la iglesia no se viera sobrecargada con su sostenimiento.

Es probable que Ana viviera de la caridad, o sostenida por el remanente de la herencia de su familia. Cualquiera haya sido la forma, debe haber llevado una vida muy frugal, casta y sobria. Lucas añade que «servía a Dios con ayunos y oraciones noche y día» (Lucas 2.37), lo cual redondea el cuadro de la vida y ministerio de esta anciana digna y serena.

«QUE NO SE APARTABA DEL TEMPLO»

Lucas da otro significativo detalle acerca de Ana. «No se apartaba del templo» (Lucas 2.37). Esa es una declaración enfática que sugiere que lo que Lucas dice, tiene un sentido literal. Evidentemente, Ana vivía en el templo. Había algunos apartamentos en el patio exterior (Nehemías 13.7-9). Éstos eran modestos cuartos usados como lugares de habitación, para los sacerdotes que vivían en el área del templo, mientras cumplían con sus dos semanas de servicio anual. Quizás a causa de su larga fidelidad, de sus obvios dones espirituales, su inalterable devoción al Señor y su constante consagración a su ministerio de oración y ayuno, los oficiales del templo le habrían dado una pequeña pieza.

Ella era ahora demasiado anciana para ser empleada como guardiana, pero quizás alguna vez haya servido en esa tarea, y su espacio habitable le había sido dado de por vida. En cualquier caso, era en última instancia el Señor, quien le había provisto con su gracia un lugar en su casa, y soberanamente haber dispuesto cualquier acuerdo de ella con los custodios del templo.

Es obvio que Ana era una mujer extraordinaria a los ojos de cualquiera que la conociera. Vivía en el más simple estilo de vida. Siempre se la podía encontrar en el templo. Era singular y completamente devota en el servicio y culto a Dios, especialmente a través de sus oraciones y ayunos.

La forma de su oración, acompañada por ayunos, habla de su negación de sí misma y de su sinceridad. El ayuno por el ayuno no es un ejercicio particularmente útil. Abstenerse de comida no tiene *perse* efecto místico sobre ningún ejercicio. Pero *el ayuno con oración*, permite ver un corazón tan consumido con la oración y tan ansioso por recibir las bendiciones buscadas, que la persona simplemente no tiene interés en la comida. Ahí es cuando el ayuno tiene verdadero valor.

Ana aparentemente había hecho esto como un hábito por sesenta y cuatro años o más. ¡Era una mujer apasionada! ¿Acerca de qué cree usted que había estado orando? Seguramente oraba sobre muchas cosas, pero no hay duda que uno de los principales temas de sus oraciones era una ardiente plegaria por lo mismo que Simeón estaba tan ansioso: «La consolación de Israel»(Lucas 2.25). Su esperanza, como la de Eva, era por la Simiente que aplastaría la cabeza de la serpiente. Su ruego, como el de Sara, era por la Simiente de Abraham que bendeciría a todas las naciones del mundo. Ella estaba clamando a Dios que enviara pronto el libertador prometido, el Mesías.

La fe asombrosa de Ana, provenía del hecho que creyó todas las promesas que llenaban el Antiguo Testamento. Ella tomó la Palabra de Dios con seriedad. Sabía en su corazón que el Mesías vendría, y sin duda, su primera y profética oración era que esto sucediera pronto.

Estoy convencido que Ana tenía un notable conocimiento de la verdad espiritual. Recuerde que ella pertenecía al remanente creyente, no a la mayoría apóstata. No tenía parte en el error ni en la hipocresía que Jesús más tarde habría de desenmascarar entre los escribas y fariseos. Ella no era una participante en el sistema del cambio monetario en el templo que la indignaba. Sabía que los fariseos eran legalistas corruptos. Comprendía que los saduceos eran espiritualmente liberales en quiebra. Ella amaba al Señor de verdad. Comprendía su corazón y su mente. Genuinamente, creía en su Palabra. En verdad era una mujer asombrosa y notable, quizás una de las personas más devotas que podamos encontrar en las páginas de la Escritura. ¡Nadie más viene a la mente que ayunara y orara fielmente por más de sesenta años!

Dios estaba a punto de darle respuesta a sus oraciones en el más dramático estilo. El versículo 38 dice que justo cuando Simeón pronunció su profética bendición sobre el niño Jesús y sus parientes terrenales, «en ese instante», ella iba pasando. Ahora bien, el templo de Herodes era una construcción enorme, y la instalación era monumental rodeada por una explanada con miles de personas arremolinándose a casi toda hora.

José y María no conocían a Simeón, pero la providencia de Dios, y a través de la soberana dirección de su Espíritu, los reunió (v.27). En ese mismo instante, justo mientras Simeón bendecía al niño con inspiradas palabras proféticas, el espíritu de Dios providencialmente condujo a esta anciana mujer a un lugar desde donde ella alcanzaba a oír. La descripción de Lucas es muy clara. «Ésta, presentándose en la misma hora, daba gracias a Dios» (v.38).

Repentinamente, todo aquello por lo que Ana había estado orando y ayunando estaba ahí, frente a ella, envuelto en un pequeño bulto en los brazos de Simeón. Por fe, ella supo instantáneamente que la profecía de Simeón era verdad y que Dios había respondido a sus plegarias. De inmediato comenzó a dar gracias a Dios, y todos aquellos muchos, muchos años de petición se convirtieron en alabanzas. Solo podemos imaginar cómo se sintió Ana después de largas décadas de oraciones y ayunos específicos, anhelando que Dios revelara su gloria otra vez, orando y ayunando por la salvación de Israel e implorando a Dios para que enviara al Mesías. Por fin, la respuesta a sus oraciones había llegado en carne y sangre.

«ELLA... HABLÓ DE ÉL A TODOS»

De pronto, los dones proféticos de Ana pasaron atrevidamente al primer plano: «Y hablaba del niño a todos los que esperaban la redención en Jerusalén» (Lucas 2.38). El tiempo del verbo significa acción continua. De manera literal quiere decir que ella no hablaba sino de Él a todos quienes estaban buscando al Redentor. Esto se convirtió en su mensaje por el resto de su vida.

Nótese que Ana sabía cuál era el remanente creyente. Podía identificar a los verdaderos adoradores; a aquellos que, como ella, estaban expectantes esperando al Mesías. Vio a esas personas allí afuera, y en cada oportunidad —a partir de entonces— les hablaba de Él.

Así es como esta amada mujer, quien había vivido tantos años hablando a Dios como una prioridad, llegó a ser más conocida por hablar a la gente acerca de Él.

El Mesías finalmente había llegado, y Ana fue una de las primeras personas en saber quien era Él. No podía guardar esta noticia para ella sola. Así se convirtió en una de las primeras y más constantes testigos de Cristo.

Qué sucedió con Ana después de esto, no sabemos. Sin duda ella estaba en el cielo por la época en que Cristo comenzó su ministerio público, unos treinta años más tarde. El día de su dedicación fue probablemente la sola y única vez que pudo verlo. Pero eso bastó. Literalmente no pudo dejar de hablar de Él.

Y eso es la parte más cautivadora del legado extraordinario de esta mujer maravillosa.

8

LA MUJER SAMARITANA: ENCUENTRO CON EL AGUA VIVA

Venid, ved a un hombre que me ha dicho todo cuanto he hecho. ¿No será éste el Cristo?

Juan 4.29

En el capítulo 4 del Evangelio de Juan nos encontramos a una mujer samaritana con un trasfondo bastante sórdido. Jesús la halló cuando llegó a sacar agua de un pozo, y el encuentro transformó su vida. El apóstol Juan dedica cuarenta y dos versículos para contar el asombroso encuentro de esta mujer con el Señor. Una sección tan significativa de la Escritura no se daría a un solo episodio a menos que las lecciones que encierra no fueran de la mayor importancia.

A primera vista, mucho de la escena parece corriente y sin trascendencia. Aquí está una mujer anónima, que realiza la más doméstica de las tareas cotidianas: venir a sacar la ración diaria de agua para su familia. Vino sola, a una hora en que probablemente no esperaba encontrar a nadie más en el pozo. (Es posible que eso sea una indicación de su calidad de marginada.) Jesús, viajando a través de la región camino a Jerusalén, se detuvo a descansar junto al pozo. Sus discípulos habían ido a comprar comida a la aldea vecina. Él, al no tener con qué sacar agua, pidió a la mujer que le diera de beber. Esto no presentaba ningún drama, e indudablemente no parecía una escena que nos pudiera llevar más adelante, a una de las más profundas lecciones teológicas de toda la Biblia.

Una ubicación excepcional

Mirado de más cerca, sin embargo, en este cuadro hay numerosos detalles de inmenso significado.

En primer lugar, este era el pozo de Jacob, ubicado en una parcela de tierra de esa región muy conocida por los estudiosos del Antiguo Testamento. Era el campo que Jacob compró para instalar su tienda en la tierra de Canaán (Génesis 33.18-19). Allí erigió un altar «y lo llamó El-Elohe-Israel»que significa «el Dios de Israel» (v. 20). Este mismo campo fue el primer bien raíz habitado que la Escritura menciona como propiedad de un israelita en la Tierra Prometida. Antes, Abraham había adquirido la heredad de Efrón, en que se hallaba la cueva donde él y Sara fueron sepultados (Génesis 23.17-18; 25.9-10). Pero esta propiedad fue, en realidad, el hogar de Jacob.

Juan 4.5 nos recuerda que ésta era la misma porción de suelo que Jacob cedió a José, su hijo predilecto (Génesis 48.21-22). Es el mismo lugar en que después fueron puestos los huesos de José, para su descanso definitivo (Josué 24.32). Recuérdese que cuando Moisés dejó Egipto, llevó consigo el féretro de José (Génesis 50.24-26; Éxodo 13.19). Los israelitas llevaron consigo esos restos durante los 40 años que permanecieron en el desierto. Uno de sus primeros actos después de conquistar la Tierra Prometida, fue el entierro definitivo de esos huesos. Todo esto se hizo según lo había pedido el propio José (Hebreos 11.22). Para los israelitas, la historia de los huesos de José era un recuerdo muy significativo de la fidelidad de Dios (Hechos 7.15-16).

El pozo que estaba en la propiedad no se menciona en el Antiguo Testamento, pero su ubicación estaba bien establecida en los días de Jesús por la centenaria tradición judía, y en el sitio hay una gran señal hasta hoy. El pozo es muy hondo (Juan 4.11), accesible solo mediante una larga soga que llega a un hoyo cavado en una piedra de caliza blanda. El estanque abajo se nutre en primavera, por lo que su agua es siempre fresca, pura y fría. Es el único pozo, y el de mejor agua, en un entorno donde abundan los manantiales salobres. Los israelitas consideraban la existencia de este manantial en la propiedad de Jacob como una prueba de la gracia y misericordia de Dios para con su patriarca. Por lo tanto, su ubicación tenía una muy larga y significativa historia en la tradición judía.

En tiempos de Jesús, sin embargo, esa porción de territorio estaba situada en Samaria, y este es otro sorprendente e importante detalle acerca de lo presentado en Juan 4. Para Jesús estar en Samaria era del todo inusual (y quizás hasta algo escandaloso). Los samaritanos eran considerados impuros por los israelitas. Jesús viajaba de Jerusalén a Galilea (v.3). Una mirada a cualquier mapa muestra que la ruta más directa entre esos dos puntos pasa por Samaria. Pero en los tiempos de Jesús, cualquier judío que se respetara viajaría siempre por una ruta diferente.

La vía preferida pasaba al este del río Jordán, luego se dirigía al norte por Decápolis antes de cruzar el Jordán otra vez, en Galilea. Esta ruta alternativa significaba muchas millas fuera del camino, pero evitaba Samaria, y ese era el punto.

Los samaritanos eran un pueblo de raza mixta, descendiente de los paganos, que se habían casado con los pocos israelitas que permanecieron allí, después que los asirios conquistaron el reino

160

del norte (722 a.C.). Ya en tiempos de Nehemías (mediados del siglo V a.C.), los samaritanos constituían una seria amenaza para la pureza de Israel. La historia secular registra que el principal problema para Nehemías fue Sanbalat, uno de los primeros gobernadores de Samaria (Nehemías 4.1-2). Un nieto del sumo sacerdote judío se casó con la hija de Sanbalat, lo que causó la ira de Nehemías. «Por tanto, lo ahuyenté de mí», escribió Nehemías (13.28). Tal matrimonio «contamina el sacerdocio y el pacto del sacerdocio y de los levitas» (v.29).

En el primer siglo, los samaritanos tenían una cultura distinta construida en torno a una religión sincrética, que mezclaba aspectos del judaísmo y de grosero paganismo. Su lugar de adoración estaba sobre el monte Gerizim. Sanbalat había construido allí un templo para rivalizar con el de Jerusalén. Por cierto, el templo samaritano era servido por un falso sacerdocio. Recuerde que los israelitas en el reino del norte, habían ya corrompido el judaísmo varios siglos antes estableciendo otro sacerdocio. Ese sabor adulterado del judaísmo fue precisamente lo que dio origen al samaritanismo. Así, la religión samaritana estaba doblemente alejada de la verdadera. Pero ellos mantenían los elementos principales de la doctrina judía. Reconocían el Pentateuco (los primeros cinco libros del Antiguo Testamento) como la Escritura y rechazaban los salmos y los profetas.

Durante el período de los Macabeos, menos de un siglo y medio antes del tiempo de Jesús, el ejército judío al mando de Juan Hircano, destruyó el templo samaritano. A pesar de eso, Gerizim siguió siendo sagrado para los samaritanos y el centro de adoración de su religión. (Un grupo de ellos aún hoy adora allí.)

El desprecio de los judíos por los samaritanos era tan fuerte en el primer siglo, que la mayoría simplemente rehusaba viajar a través de Samaria, a pesar de la importancia de esa tierra en su patrimonio.

Deliberadamente Jesús rompió con este convencionalismo. Juan 4.4 dice: «Y *le era necesario* pasar por Samaria» (énfasis añadido). Tenía un propósito que cumplir y esto requería que viajara a través de Samaria, se detuviera en el histórico pozo, conversara con esta problemática mujer e hiciera una divulgación sin precedentes de su misión e identidad.

Visto de este modo, prácticamente *todo* lo presentado en Juan 4 se torna notable. Es inusual que Jesús esté solo. Es sorprendente darse cuenta que Dios encarnado pueda sentirse físicamente cansado (v.6), o sediento (v.7). Es fabuloso que Jesús pudiera intencionalmente elegir el lugar, e iniciar una conversación con una miserable mujer samaritana como ésta. Era insólito aún para ella que un judío quisiera dirigirle la palabra (v.9). Fue igualmente chocante para sus discípulos encontrarlo hablándole (v.27). Se habría considerado ultrajante para Él, que bebiera de un vaso impuro que pertenecía a una mujer impura. Parece extraño que una mujer como ésta entrara tan rápidamente en un extenso diálogo teológico. Es maravilloso ver cuán ricas podían ser las enseñanzas de Jesús, aún en un contexto como éste. (El corazón y el alma de toda la Escritura nos enseña que la auténtica adoración se puede condensar en apenas unas pocas palabras que Jesús dijo a esta mujer en los versículos 21 al 24). Sobrecoge que su propio pecado fuera un tema tan grande en su corazón y mente (v.29), aun cuando Jesús se refiere a esto tangencialmente (v.18) y aun cuando ella inicialmente parecía querer eludir el punto (vv.19-20).

Pero, lo que es asombrosamente inesperado en toda esta fantástica situación, es que Jesús escoge el tiempo, el lugar y a esta mujer para ser parte del acto donde habría de revelar formal y explícitamente (por primer vez en la vida) su verdadera identidad como el Mesías.

Y ese hecho singular le da automáticamente a esta mujer un prominente lugar en la categoría de «extraordinaria».

UNA CURIOSA CONVERSACIÓN

La conversación de Jesús con la mujer comienza de manera bastante sencilla y natural. Él le pide algo de beber. El pozo era hondo y no tenía forma de sacar agua; por eso le dijo: «Dame de beber» (v.7). Podría haber dicho esto de manera informal y muy amistosa, pero lo expresó en forma de mandato, no de una solicitud.

Obviamente, ella pensó que el requerimiento, o la manera como se le estaba haciendo, era descortés. Pero no se sintió ofendida. Al revés, expresó de inmediato su sorpresa por el hecho de que Él quisiera hablarle y, peor aún, beber de su vaso: «¿Cómo tú, siendo judío, me pides a mí de beber, que soy mujer samaritana?» (v.9) Tabúes de género, divisiones raciales, y el sistema de clases imperante, normalmente impedirían a un hombre de la condición de Jesús conversar con ella, y muchos menos beber de un recipiente que le pertenecía.

Esquivando su primera pregunta, Jesús dijo: «Si conocieras el don de Dios, y quién es el que te dice: Dame de beber; tú le pedirías, y él te daría agua viva» (v.10). Estaba aludiendo ya al verdadero mensaje que intentaba entregarle.

Ella entendió de inmediato que Él estaba haciendo una asombrosa afirmación. Replicó: «Señor, no tienes con qué sacarla, y el pozo es hondo. ¿De dónde, pues, tienes el agua viva? ¿Acaso eres tú mayor que nuestro padre Jacob, que nos dio este pozo, del cual bebieron él, sus hijos y sus ganados?» (vv.11-12)

En realidad, Él era más grande que Jacob, y ese es precisamente el punto que quería demostrarle. Pero una vez más, en lugar de responder directamente su pregunta, continuó hablando del agua viva. Le aseguró que el agua que Él ofrecía era infinitamente mejor que el agua del pozo de Jacob: «Cualquiera que bebiere de esta agua, volverá a tener sed; mas el que bebiere del agua que yo le daré, no tendrá sed jamás; sino que el agua que yo le daré será en él una fuente de agua que salte para vida eterna» (vv.13-14).

Ahora, ella estaba en la cima de la curiosidad, así es que le pidió que le diera de esa agua (v.15). Creo que había empezado a entender que Él hablaba de agua espiritual. Las parábolas y las metáforas eran las herramientas usuales de enseñanza en esa cultura. Jesús era obviamente un tipo de rabino o líder espiritual. Es improbable que ella estuviera todavía pensando en términos literales. Pero su réplica tan solo imitó el mismo lenguaje metafórico que Él había usado con ella: «Señor, dame esa agua, para que no tenga yo sed, ni venga aquí a sacarla» (v.15).

Las siguientes palabras de Jesús le causaron un inesperado cortocircuito: «Ve, llama a tu marido, y ven acá» (v.16).

Ahora estaba en un aprieto. La verdad sobre su vida era tan horrible que no podía admitirla ante Él. Parecía estar suponiendo que era una típica mujer con un hogar respetable y un marido honorable. Pero ella no era nada de eso; así es que, en lugar de exponer toda su desgracia frente a este rabí, dijo solo una mínima parte de la verdad: «No tengo marido» (v.17).

Ante su total consternación, Él ya sabía toda la verdad: «Bien has dicho: No tengo marido; porque cinco maridos has tenido, y el que ahora tienes no es tu marido; esto has dicho con verdad» (vv.17-18). Nótese que Jesús no la reprendió como a una mentirosa; por el contrario, la *elogió* por hablar sinceramente. No estaba negando su pecado. Pero obviamente, tampoco estaba orgullosa de lo que había sido su vida. Así que con el fin de conservar cualquier jirón de dignidad posible, simplemente sorteó las implicaciones de su pregunta sin realmente mentir para no tener que encubrir nada.

No importaba. Él sabía todo acerca de su pecado con sus infinitos detalles. Cuando más tarde ella contó su encuentro con Jesús, éste fue el hecho que dejó mayor impresión en su mente. «Me ha dicho todo cuanto he hecho» (vv.29-39). Momentos antes le había preguntado si Él era más grande que Jacob. Ahora lo sabía.

Me encanta la moderación, casi de una simplicidad risible, con la cual ella reconoce su propia culpa: «Señor, me parece que tú eres profeta» (v.19). Jesús la había desenmascarado completamente. Quienquiera que fuera, obviamente sabía todo sobre ella. Y a pesar de eso, lejos de rechazarla o castigarla, ¡le ofrecía el agua de la vida!

En este punto, miles de ideas y preguntas se deben haber agolpado en su mente. Por cierto, debe haberse preguntado quién era y cómo sabía tanto acerca de su vida. Es obvio que Él estaba preparado para decirle quién era. Él mismo lo había planteado desde el comienzo (v.10). Pero en lugar de seguir tras esa pregunta, ella giró la conversación en una extraña dirección. Sacó lo que, a su parecer, era el mayor punto de enfrentamiento religioso entre judíos y samaritanos: «Nuestros padres adoraron en este monte, y vosotros decís que en Jerusalén es el lugar donde se debe adorar» (v.20). En realidad no le dio a esto carácter de pregunta, pero tampoco creo que lo planteara como un desafío. Pienso que estaba de verdad esperando que este rabino, que parecía saberlo *todo*, pudiera aclarar lo que para ella era el debate fundamental de la época: ¿Quiénes tenían la razón? ¿Los judíos o los samaritanos? ¿Gerizim o Jerusalén?

Jesús no ignoró su pregunta. Tampoco la reprochó por cambiar de tema. En Juan 4.21-24 leemos la respuesta breve y condundente que le dio:

Mujer, créeme, que la hora viene cuando ni en este monte ni en Jerusalén adoraréis al Padre. Vosotros adoráis lo que no sabéis; nosotros adoramos lo que sabemos; porque la salvación viene de los judíos. Mas la hora viene, y ahora es, cuando los verdaderos adoradores adorarán al Padre en espíritu y en verdad; porque también el Padre tales adoradores busca que le adoren. Dios es Espíritu; y los que le adoran, en espíritu y en verdad es necesario que adoren».

Con esa réplica, logró varias cosas. Primero, le hizo saber que el lugar donde se adora no es lo importante. Los verdaderos adoradores se definen por a quién adoran.

Segundo, dejó en claro que la tradición religiosa en la que había crecido era total y absolutamente falsa. «Adoras lo que no sabes, nosotros conocemos lo que adoramos, porque la salvación viene de los judíos» (v.22). Él no disimuló la realidad ni se molestó tratando de ser delicado. Respondió la verdadera pregunta que ella le estaba haciendo.

Tercero, sutilmente la guió para volver al tema principal, de que vendría una nueva época cuando ni Gerizim ni Jerusalén tendrían el monopolio del sacerdocio. La era del Nuevo Pacto estaba ya en el horizonte. Había un sutil mensaje de expectativa mesiánica en sus dichos y ella lo entendió.

Y respondió con estas asombrosas palabras: «Sé que ha de venir el Mesías, llamado el Cristo; cuando él venga nos declarará todas las cosas» (v.25).

¿No es significativo que esta mujer samaritana, nacida y formada en una cultura de religión corrupta, compartiera la misma esperanza mesiánica con todas las otras piadosas mujeres de la Escritura?

Consideremos las implicaciones de su declaración. Ella sabía que el Mesías vendría. Esa fue una expresión definitiva de certeza.

Era una fe embrionaria esperando nacer. ¿Y cómo creía ella que el verdadero Mesías se identificaría a sí mismo? «Cuando él venga, nos dirá todas las cosas» (v.25). Jesús ya le había demostrado el conocimiento total de todos sus secretos. Así ella más tarde testificó a los hombres de su pueblo: «(Él) me ha dicho todo cuanto he hecho» (v.29).

Estaba sugiriendo con mucha fuerza que sospechaba que Jesús mismo podría ser el Mesías. Cuando el apóstol Pedro más adelante confesó su fe en que Jesús era el Cristo, el Hijo del Dios viviente, Jesús le dijo: «Bienaventurado eres, Simón, hijo de Jonás, porque no te lo reveló carne ni sangre, sino mi Padre que está en los cielos» (Mateo 16.17). Lo mismo pasaba con esta mujer. El Espíritu Santo estaba trabajando en su corazón. Dios el Padre fue atrayéndola irresistiblemente a Cristo, revelándole la verdad que ningún ojo había visto y ningún oído había escuchado.

Ahora Jesús estaba listo para descorrer la cortina y revelar su identidad verdadera en una manera sin precedentes.

UNA REVELACIÓN DESLUMBRANTE

No bien ella había abordado el tema del Mesías, Jesús le dijo: «Yo soy, el que habla contigo» (Juan 4.26). Esta es la más singular, directa y explícita declaración mesiánica que Jesús jamás haya hecho. No hay ninguna evidencia bíblica de que haya dicho esto tan francamente a nadie más. No hay ningún otro registro de que se revelara tan expresamente, sino hasta la noche en que fue traicionado.

Por supuesto, cuando Pedro hizo su gran confesión, Jesús afirmó que aquel tenía razón (Mateo 16.17-19). Pero Él inmediatamente «mandó a sus discípulos que a nadie dijesen que él era Jesús el

Cristo». Cuando la turba judía demandaba, «si tú eres el Cristo, dínoslo abiertamente» (Juan 10.24), Él nunca negó la verdad, pero evitó explícitamente pronunciar las palabras que esperaban escuchar. Por el contrario, apeló a sus obras como evidencia de quién era. «Os lo he dicho, y no creéis; las obras que yo hago en nombre de mi Padre, ellas dan testimonio de mí» (v.25).

No fue sino hasta su juicio ante Caifás, en las primeras horas de la mañana justo antes de su crucifixión que Jesús una vez más reveló su identidad tan francamente como lo hizo a esta mujer samaritana.

El sumo sacerdote le preguntó: «¿Eres tú el Cristo, el Hijo del Bendito?» (Marcos 14.61)

Jesús dijo: «Yo soy; y veréis al Hijo del Hombre sentado a la diestra del poder de Dios, y viniendo en las nubes del cielo» (v.62).

Fue esta misma declaración la que finalmente le costó la vida. Marcos escribió: «Entonces el sumo sacerdote, rasgando su vestidura, dijo: ¿Qué más necesidad tenemos de testigos? Habéis oído la blasfemia; ¿qué os parece? Y todos ellos le condenaron, declarándole ser digno de muerte» (vv.63-64).

A la luz de todo esto, es absolutamente asombroso que la *primera* vez que Jesús escogió revelarse como el Mesías, lo hiciera a una mujer samaritana con tan dudoso pasado. Pero su revelación es un testimonio a la fe de ella. El que se declarara tan abiertamente es una prueba positiva de que el minúsculo germen de esperanza que ella tenía en su búsqueda del Mesías estaba en vías de convertirse en una fe auténtica, plena y madura, si es que ya no había brotado. Jesús no lo habría hecho con un incrédulo (Juan 2.24).

La Escritura dice que fue precisamente «en este momento» que los discípulos regresaron «y se maravillaron de que hablaba con una mujer» (Juan 4.27). La expresión griega es enfática, sugiriendo que ellos retornaron justo a tiempo para oírle decir que Él era el Mesías.

Quedaron mudos por el impacto de la escena. Juan, un testigo ocular, escribió: «Ninguno dijo: ¿Qué preguntas? o, ¿Qué hablas con ella?» (v.27)

UNA TRANSFORMACIÓN ASOMBROSA

Poco después de que los discípulos llegaran, la mujer dejó el pozo, abandonando su vasija de agua. No fue una distracción la que causó que la dejara; ella tenía todo el propósito de regresar. Su plan era traer a los varones de la ciudad y presentarlos a Cristo. El secreto de este conocimiento asombroso no podía mantenerse oculto.

Su respuesta fue típica de un nuevo creyente, una de las evidencias de una fe auténtica. La persona a quien recién se le ha quitado la carga del pecado y la culpa siempre desea compartir las buenas nuevas con los demás. La emoción de la mujer debe haber sido palpable. Y note que la primera cosa que les dijo a los hombres del pueblo fue que Jesús le había dicho todo lo que ella había hecho. No estaba eludiendo sus actos de pecado. Estaba disfrutando del resplandor del perdón, y sencillamente no hallaba vergüenza en ello.

Su entusiasmo y determinación eran aparentemente difíciles de resistir, porque los hombres de la ciudad volvieron con ella al pozo donde conocieron a Jesús.

El impacto inmediato del testimonio de esta mujer sobre la ciudad de Sicar fue profundo. Juan escribió: «Y muchos de los samaritanos de aquella ciudad creyeron en él por la palabra de la mujer, que daba testimonio diciendo: Me dijo todo lo que he hecho» (v.39).

¡Qué contraste hace esto con la recepción que Jesús recibió de los escribas y fariseos en Jerusalén. Lucas escribió: «Y los fariseos y los escribas murmuraban, diciendo: Este a los pecadores recibe, y con ellos come» (Lucas 15.2). Los líderes religiosos estaban disgustados con Él porque le gustaba conversar con bribones y granujas tales como esta mujer. Ellos se burlaban de Él abiertamente, diciendo: «He aquí un hombre comilón, y bebedor de vino, amigo de publicanos y de pecadores» (Mateo 11.19). Se ofendieron, por ejemplo, cuando Jesús fue a la casa de Zaqueo. «Al ver esto, todos murmuraban, diciendo que había entrado a posar con un hombre pecador» (Lucas 19.7).

Pero los samaritanos carecían de los escrúpulos falsos de los religiosos hipócritas. Los líderes de esa aldea samaritana, se oponían en muchas maneras a los líderes religiosos de Jerusalén. Los líderes judíos, por supuesto, estaban convencidos de que cuando viniera el Mesías, Él los vengaría. Expulsaría a los romanos e instalaría su reino sobre todo el mundo, con Israel al centro. Triunfaría sobre todos los enemigos de Israel, incluyendo los samaritanos, y gobernaría y reinaría por medio de las estructuras políticas y religiosas que Él representaba.

Por esa misma razón, sus expectativas mesiánicas eran altas, y sus desprecios por Cristo eran punzantes por *idéntica* causa. Él no satisfizo ninguna de sus preconcebidas nociones respecto de lo que el Mesías debería ser. Increpó a los líderes religiosos, mientras compartía amistosamente a la vista de todos con publicanos y pecadores. Los líderes judíos lo odiaban por esto.

Los samaritanos tenían una perspectiva opuesta. Ellos sabían del Mesías prometido. Aunque los libros de Moisés eran la única parte del Antiguo Testamento en la que ellos creían, la promesa mesiánica estaba allí. Por eso Jesús dijo a los fariseos: «Porque si creyeseis a Moisés, me creeríais a mí, porque de mí escribió él»

(Juan 5.46). En Deuteronomio 18.18, por ejemplo, Dios promete un gran profeta, un vocero nacional del orden de Moisés, o más grande: «Profeta les levantaré de en medio de sus hermanos, como tú; y pondré mis palabras en su boca». Además, el Pentateuco incluye todas las promesas familiares acerca de la simiente de la mujer que aplastaría a la serpiente, y la simiente de Abraham, en quien todas las naciones serían benditas. Por eso es que la mujer samaritana sabía que el Mesías vendría.

Pero la sociedad samaritana había sido degradada, y envilecida por años de falsa religión e inmoralidad. Los samaritanos tenían un categórico sentido de que eran pecadores. Carecían de la fanfarronada fariseica que ponía color a la religión de los fariseos y saduceos. Cuando ponderaban al Mesías que vendría, probablemente anticipaban su advenimiento con un grado de temor.

Así cuando esta mujer anunció tan denodadamente que había encontrado al Mesías y que este sabía todo acerca de su pecado no obstante lo cual de todos modos la aceptó, los hombres de Sicar dieron la bienvenida a Jesús con gran entusiasmo. «Entonces vinieron los samaritanos a él y le rogaron que se quedase con ellos; y se quedó allí dos días. Y creyeron muchos más por la palabra de Él, y decían a la mujer: Ya no creemos solamente por tu dicho, porque nosotros mismos hemos oído, y sabemos que verdaderamente éste es el Salvador del mundo, el Cristo» (Juan 4.40-42). Esto provocó un asombroso despertar que debe haber transformado del todo a esa pequeña ciudad.

Jesús en verdad había encontrado a una verdadera adoradora. La Escritura no dice qué fue, finalmente, de la mujer samaritana. Su *corazón* fue claramente cambiado por su encuentro con Cristo. No hay duda que su *vida* cambió también, porque «Si alguno está en

Cristo, nueva criatura es; las cosas viejas pasaron; he aquí todas son hechas nuevas» (2 Corintios 5.17).

Dentro de los tres años siguientes al encuentro de Cristo con la mujer samaritana en el pozo de Jacob, se fundó la iglesia. Su influencia rápidamente se esparció desde Jerusalén a Judea y Samaria, y desde allí hasta lo último de la tierra (Hechos 1.8). Eso significa que la mujer samaritana y los hombres de su ciudad pronto fueron capaces de encontrar compañerismo y enseñanza en un contexto donde no había ni hebreos ni samaritanos, ni judíos ni griegos, ni esclavos ni libres, mujeres u hombres; sino que todos eran uno en Cristo Jesús (Gálatas 3.28). Creo que efectivamente la aldea samaritana de Sicar llegó a ser un centro de actividad evangelizadora y testimonial. Habiendo salido de su camino para revelarse a sí mismo a este pueblo, habiéndoles dado del agua de la vida que extingue la sed espiritual, podemos tener sencillamente la certeza que Él no los abandonó. Esta mujer, que había comenzado su nueva vida trayendo a muchos otros a Cristo, no dudó en proseguir su ministerio evangelizador, que hoy continúa por medio del mensaje de la Escritura. Multitudes han venido a Cristo a través de la influencia de Juan 4 y «por la palabra de la mujer, que daba testimonio diciendo: Me dijo todo lo que he hecho» (v.39). Solo el cielo revelará los vastos y trascendentales frutos de este encuentro del Mesías con esta extraordinaria mujer.

9

MARTA Y MARÍA: TRABAJO Y ADORACIÓN

...María... sentándose a los pies de Jesús, oía su palabra.
Pero Marta se preocupaba con muchos quehaceres.

Lucas 10.39-40

En este capítulo conoceremos a dos mujeres extraordinarias: Marta y María. Las consideraremos juntas porque así es como la Escritura las presenta constantemente. Vivían con su hermano, Lázaro, en la pequeña aldea de Betania. Estaba situada a corta distancia de Jerusalén, un poco más de tres kilómetros del centro de la ciudad y al sudeste de la puerta oriental del Templo (Juan 11.18) en dirección al Monte de los Olivos. Tanto Lucas como Juan cuentan que Jesús disfrutaba de la hospitalidad de *esta* familia. Según los Evangelios, fue allí al menos en tres oportunidades cruciales. Betania era aparentemente un lugar de detención frecuente en sus viajes, y la casa de esta familia parece haberse convertido en su lugar de residencia durante sus visitas a Judea.

Marta y María conforman un duo fascinante, muy diferentes en muchos aspectos, pero idénticas en un asunto esencial: ambas

173

amaban a Cristo. Ya seguramente usted estará empezando a notar, que ésta es la marca distintiva de cada mujer, a quien la Biblia considera ejemplar. Todas apuntan a Él.

Todo lo digno de elogio en ellas estaba, de un modo u otro, concentrado en Él. Era el centro de la mayor expectación para cada una de las mujeres sobresalientes del Antiguo Testamento y fue inmensamente amado por las principales mujeres del Nuevo Testamento. Marta y María de Betania son ejemplos clásicos. Se convirtieron en apreciadas amigas personales de Jesús durante el ministerio terrenal del Señor. Más aún, Él tenía un amor muy profundo por esa familia.

El apóstol Juan, que era un observador agudo de qué y a quién Jesús amaba, lo puntualiza diciendo que «amaba Jesús a Marta, a su hermana y a Lázaro» (Juan 11.5).

No se nos dice en detalle cómo esta familia llegó a tener una amistad tan íntima con Jesús. Puesto que no se mencionan lazos familiares entre los parientes de Jesús y el clan de Betania, lo más probable es que Marta y María fueran solo dos de las muchas personas que escucharon a Jesús enseñar al comienzo de su ministerio, extendiéndole su hospitalidad y construyendo, de esta manera, una relación con Él. Cualquiera sea la forma en que este nexo comenzó, obviamente se transformó en una cálida y profunda amistad personal. De la descripción de Lucas se desprende que Jesús hizo de esa casa su hogar.

El hecho de que Jesús con frecuencia cultivara tales amistades arroja luces sobre el tipo de hombre que era. Esto ayuda, además, a explicar cómo se las arreglaba para ejercer un ministerio itinerante en Judea, sin transformarse en un indigente y desamparado a pesar de no tener una casa exclusivamente para Él (Mateo 8.20). Aparentemente, personas como Marta y María lo acogían con regularidad en sus hogares y familias, y Él se sentía como en casa entre sus amigos.

Es indudable que la hospitalidad era un distintivo especial de esta familia. Marta en particular, aparece en todas partes como una anfitriona meticulosa. Incluso su nombre es la forma femenina de la palabra «señor» en arameo. Era un nombre perfecto para ella porque todo indica que ella era la dueña de casa. Lucas 10.38 se refiere a ellos como *la casa de Marta*. Eso, junto al hecho de que su nombre es puesto siempre en primer lugar entre sus hermanos, denota claramente que era la hermana mayor. Lázaro parece ser el menor de los tres, porque aparece de último en la lista que hace Juan en 11.5 y rara vez aparece en primer plano en todo el relato, incluyendo la descripción de cómo fue levantado de entre los muertos.

Algunos creen que Marta era viuda, dada su posición como dueña de casa y cabeza de la familia. Eso es posible, por supuesto, pero todo lo que sabemos de la Escritura es que eran tres hermanos que vivían juntos, y no hay mención acerca de que alguno estuviera casado. Tampoco se da ninguna pista sobre la edad que tenían. Pero puesto que María aparece literalmente a los pies de Jesús cada vez que se la menciona, sería difícil imaginarla como muy mayor. Además, los temperamentos fuertemente contrastados entre Marta y María, parecen incompatibles con personas de mucha edad. Me siento inclinado a pensar, que los tres eran todavía muy jóvenes e inexpertos. Efectivamente, en su interacción con Cristo, Él siempre los trató de la manera que lo haría un hermano mayor y muchos de los principios que les enseñó eran lecciones extremadamente prácticas para personas jóvenes entrando en la madurez. Algunas de esas lecciones tienen especial importancia en el episodio que examinaremos en seguida.

Tres instantáneas de Marta y María

La Escritura da tres significativos relatos de la interacción de Jesús con esta familia. Primero, Lucas 10.38-42 describe un pequeño conflicto entre Marta y María sobre cómo es mejor demostrar la devoción a Cristo. Allí es donde inicialmente las encontramos en el Nuevo Testamento. La manera como Lucas describe sus conflictivos temperamentos es perfectamente concordante con todo lo que vemos en dos incidentes posteriores relatados por Juan. (Volveremos a ver más sobre el final de Lucas 10 en este capítulo porque allí es donde el contraste de las personalidades de las dos se muestra con mayor claridad.)

Un segundo vistazo más cercano, a la vida de estas dos mujeres lo encontramos en Juan 11. Prácticamente todo el capítulo, está dedicado a la descripción de cómo su hermano Lázaro muere y es traído de regreso a la vida por Cristo. El trato personal de Jesús con Marta y María en esta escena pone de relieve sus características individuales. Aunque no tenemos espacio suficiente para considerar el evento completo, más tarde volveremos brevemente solo para tomar nota de cuán profundamente la muerte y la siguiente resurrección de Lázaro afectaron a Marta y María, aunque en forma diferente, de acuerdo a sus contrastantes personalidades. Juan da una descripción muy detallada y conmovedora de la congoja de las hermanas por su pérdida, cómo Jesús las ministró en su dolor, cómo se conmovió con ellas en un modo profundo y personal y cómo levantó gloriosamente a Lázaro de la muerte en el mismo clímax del funeral. Más que ningún otro acto de Jesús, ese milagro dramático y público, fue lo que finalmente selló la determinación de los líderes judíos de enviarlo a la muerte, porque sabían que si Él podía levantar a los muertos, la gente lo seguiría y los dirigentes perderían su base de poder (Juan 11.45-57). Obstinadamente, se negaron a considerar que su poder para dar vida era prueba de que era exactamente quien decía ser: el Hijo de Dios.

Marta y María parecen haber comprendido que Él mismo se había puesto en peligro al traer a su hermano de regreso a la vida. En efecto, toda la profunda gratitud y comprensión de María se revela en el tercer y último relato donde ambas mujeres aparecen juntas una vez más. En Juan 12 (el relato paralelo está en Mateo 26.6-13 y Marcos 14.3-9) se cuenta cómo María ungió los pies de Jesús con un costoso ungüento y se los secó con sus cabellos. Aunque Mateo y Marcos describen esta situación, ninguno de ellos menciona el nombre de María en este contexto.

No cabe duda, sin embargo, que están describiendo el mismo incidente que se lee en Juan 12. Tanto Mateo 26.12 como Juan 12.7 indican que María, en algún sentido, entendió que estaba ungiendo a Jesús para su entierro. Debe haber supuesto que la resurrección de su hermano generaría en los enemigos de Jesús un ardiente odio y que ellos determinarían condenarlo a muerte (Juan 11.53-54). El mismo Jesús se había marchado a la relativa seguridad de Efraín inmediatamente después de la resurrección de Lázaro, pero la Pascua lo trajo de regreso a Jerusalén (vv. 55-56). María, y probablemente también Marta, parecía comprender mejor que nadie cuán inminente era la amenaza contra Jesús. Seguramente intensificaron su sentido del deber y gratitud hacia Él, como se refleja en el acto de adoración de María.

MARÍA, LA VERDADERA ADORADORA

De acuerdo con Mateo y Marcos, el ungimiento de los pies de Jesús que hizo María tuvo lugar en la casa de «Simón, el leproso». Por supuesto, una persona con lepra no habría sido capaz de atender a un grupo como éste, mucho menos en su propia casa. Los leprosos eran considerados ceremonialmente impuros, por lo que debían mantenerse alejados de las áreas populosas (Levítico 13.45-46), de modo que el apodo de Simón debe significar que él era un ex leproso. Puesto que las Escrituras dicen que Jesús sanaba a todos los que venían a Él (Lucas 6.19), probablemente Simón era uno de aquellos a quienes Jesús había sanado de la lepra. (El mismo incidente se describe en Lucas 5.12-15).

Simón debe haber sido un hombre acomodado. Con todos los discípulos presentes, ésta fue, probablemente, una gran fiesta. Es probable que Simón haya sido un hombre soltero, porque Marta parece estar actuando como anfitriona en esta reunión. Algunos sugieren que podría haber estado trabajando como una proveedora profesional. Lo más probable es que Simón era un amigo de la familia y ella ayudaba a servir. También Lázaro estaba presente (Juan 12.2), lo que demuestra que los reunidos eran un grupo íntimo de los amigos de Jesús y de sus discípulos. Quizás haya sido la celebración oficial por el retorno de Lázaro de la muerte. En tal caso, este grupo de amigos habría venido principalmente para expresar su gratitud a Jesús por lo que había hecho.

María sabía exactamente cómo mostrar su gratitud. Su acción ungiendo a Jesús fue increíblemente similar a otro hecho a comienzos del ministerio de Jesús (Lucas 7.36-50). En un grupo distinto, en la casa de un hombre diferente, un fariseo (quien por pura coincidencia también se llamaba Simón), una mujer «que era pecadora» (v.37), al parecer una prostituta arrepentida (v.39) había ungido los pies de Jesús y los había secado con sus cabellos exactamente como cuenta Juan 12 que lo hizo María.

Con toda probabilidad, Marta y María conocían bien ese primer incidente. Conocían la lección que Jesús enseñó en esa oportunidad: «Sus muchos pecados le son perdonados, porque amó mucho» (Lucas 7.47). La reinterpretación de María podría haber sido un deliberado eco de lo sucedido anteriormente, significando lo mucho que ella amaba a Jesús y cuán supremamente agradecida estaba de Él.

Tanto Mateo como Marcos, indican que Jesús aceptó con muy buena disposición una pródiga expresión de adoración, que fue la que finalmente selló la decisión de Judas de traicionar a Cristo. Según Juan, Judas se resintió por lo que consideró un «derroche», pero su resentimiento no era otra cosa que su avaricia. Era él quien realmente robaba dinero de los recursos de los discípulos (Juan 12.4-6).

Así, inadvertidamente, las vidas de estas dos mujeres se entre-cruzan *dos veces* con el siniestro plan para matar a Jesús. La resurrección de su hermano fue lo que encendió la mecha del complot entre los líderes judíos que terminó con la muerte de Jesús. La generosa expresión de gratitud de María puso a Judas definitivamente en acción.

Marta, la sierva devota

Aunque sin mucho interés de considerarlo, nuestro enfoque principal en este capítulo es el famoso incidente que se relata al final de Lucas 10 cuando Jesús le dio una suave reprimenda a Marta acerca de dónde debía poner sus prioridades. El pasaje es breve pero rico. Lucas escribe:

Aconteció que yendo de camino, entró en una aldea; y una mujer llamada Marta le recibió en su casa. Esta tenía una hermana que se llamaba María, la cual, sentándose a los pies de Jesús, oía su palabra. Pero Marta se preocupaba con muchos quehaceres, y acercándose, dijo: Señor, ¿no te da cuidado que mi hermana me deje servir sola?

*Dile, pues, que me ayude. Respondiendo Jesús, le dijo: «Marta,
Marta, afanada y turbada estás con muchas cosas. Pero sólo una cosa
es necesaria; y María ha escogido la buena parte, la cual no le será
quitada» (Lucas 10.38-42).*

Marta parece ser la mayor de las dos hermanas. La descripción que
Lucas hace de su conducta, es una de las cosas que apoya la idea de
que estos tres hermanos, eran todavía adultos jóvenes. La queja de
Marta suena inmadura y propia de una joven. La réplica de Jesús,
aunque encerrando una suave crítica, tiene un tono casi paternal.

Al parecer, Jesús estaba allí por invitación de Marta. Ella le dio
la bienvenida, lo que significa que era la verdadera maestra de
ceremonia en la casa. En esta ocasión al menos, no estaba
meramente cumpliendo el rol de anfitriona suplente de un amigo;
era ella quien estaba plenamente a cargo de la casa.

En Lucas 7.36-50, cuando Jesús visitó el hogar de Simón el
fariseo (cuando tuvo lugar el primer ungimiento de sus pies), Él
estaba claramente bajo el escrutinio de sus críticos. En esa ocasión,
la hospitalidad era notoriamente escasa. Simón no le ofreció agua a
Jesús para lavarse los pies ni tampoco lo saludó de forma apropiada
(Lucas 7.44-46), dos grandes desaires en esa cultura.

El lavado de los pies a los huéspedes, costumbre del primer
siglo en Medio Oriente, equivalía a ofrecerse para recibir el abrigo
del recién llegado (Juan 13.1-7). No hacerlo podía interpretarse
como que usted quería que el huésped se fuera rápidamente. Y
omitir el saludo formal era como declararlo enemigo (2 Juan 10-11).

En justicia, Marta, estaba en el extremo opuesto del espectro
hospitalario de Simón, el fariseo. Ella se quejaba continuamente
por sus deberes de anfitriona. Deseaba que todo estuviera perfecto.
Sus rasgos admirables eran su esmero y dedicación como dueña de
casa, por lo que su conducta tenía mucho de encomiable.

Me encanta la forma como Jesús entra en esta escena. Él era el perfecto invitado. Instantáneamente se sintió en casa. Disfrutó la amistad y la conversación y, como siempre, su contribución al debate fue instructiva y esclarecedora. Sin duda, sus discípulos estaban interrogándolo, y Él estaba dando respuesta con pensamientos provocadores, con autoridad y del todo edificantes. El instinto de María fue sentarse a sus pies para escuchar. Marta, siempre melindrosa, fue a trabajar en los preparativos.

Conflicto entre hermanas

Pronto, sin embargo, Marta, se sintió más y más molesta con María. Es fácil imaginarse cómo su exasperación iba creciendo. Al comienzo, probablemente trató de insinuar de manera «sutil» que necesitaba ayuda, haciendo más ruido o moviendo algunos tiestos y sartenes con más fuerza de la realmente necesaria, y después dejando caer algunos utensilios u ollas de una vez y con estrépito en el lavaplatos. Debe haber aclarado su garganta o suspirado a cada rato lo suficientemente fuerte para que la oyeran en la pieza de al lado. Lo que fuera para recordar a María que su hermana necesitaba ayuda. Cuando todo esto falló, probablemente trató de echar un vistazo al rincón, o cruzar a paso firme el comedor, esperando atraer la mirada de María. Al final, sin embargo, abandonó toda pretensión de disimulo o cortesía y ventiló su agravio contra su hermana directamente frente a Jesús. En realidad, se quejó a Él y le pidió que interviniera y pusiera a María en su lugar.

La respuesta de Jesús debe haberla sobresaltado en gran medida. No parece que se le haya ocurrido que era ella la que estaba equivocada, pero la pequeña escena le atrajo la más gentil de las amonestaciones. El relato de Lucas termina allí, por lo que nosotros podemos concluir que este mensaje penetró directamente en el corazón de Marta, y tuvo el exacto efecto santificador que las palabras de Cristo siempre tenían sobre quienes le amaban.

En realidad, en el último incidente relatado en Juan 12, donde María unge los pies del Señor, Marta otra vez está cumpliendo la función de servidora. Pero esta vez el que complotaba era Judas (Juan 12.4-5). Aparentemente, Judas trató de usar su mejor batería, creando una lamentación general contra la extravagancia de María, y se las arregló para levantar algunas expresiones de indignación de los demás discípulos (Mateo 26.8). Pero Marta parece haberse controlado esta vez pues no hay indicios de que se haya resentido por la devoción de María a Cristo. Creo que ella lo amaba tanto como María. Él, por cierto, las amaba a ambas con el mayor afecto (Juan 11.5).

De la reprimenda de Jesús a Marta emergen algunas importantes lecciones. Haríamos bien en prestarles atención.

LECCIÓN SOBRE LA PREFERENCIA POR LOS DEMÁS

La gentil reprensión de Jesús a Marta es ante todo un recordatorio de que debemos honrar a los demás por sobre nosotros mismos. En otra parte, la Escritura dice: «Amaos los unos a los otros con amor fraternal; en cuanto a honra, prefiriéndoos los unos a los otros» (Romanos 12.10). «Igualmente, jóvenes, estad sujetos a los ancianos; y todos, sumisos unos a otros, revestíos de humildad; porque: Dios resiste a los soberbios, Y da gracia a los humildes» (1 de Pedro 5.5). «Nada hagáis por contienda o por vanagloria; antes bien con humildad, estimando cada uno a los demás como superiores a él mismo; no mirando cada uno por lo suyo propio, sino cada cual también por lo de los otros» (Filipenses 2.3-4).

La humildad ha sido un tema constante en las enseñanzas de Jesús, y una lección difícil de aprender por la mayoría de sus discípulos. Incluso la noche de la traición cada discípulo había ignorado la hospitalidad básica que consiste en una función servicial y en lavar los pies de los demás (Juan 13.1-7).

En el relato de Lucas 10, la conducta externa de Marta aparece como verdadero espíritu de servicio. Ella fue la que se puso el delantal y fue a trabajar en la tarea de servir a los demás. Pero su trato a María pronto reveló un serio defecto en su corazón de sierva. Era censuradora y de lengua afilada. Sus palabras frente a otros invitados tenían como propósito ciertamente humillar a María. O bien Marta no pensó en el efecto hiriente de sus palabras a su hermana, o simplemente no le dio importancia.

Pero Marta estaba equivocada en su juicio sobre María. Asumió que María estaba flojeando. «¿Tú quién eres, que juzgas al criado ajeno? Para su propio señor está en pie, o cae; pero estará firme, porque poderoso es el Señor para hacerle estar firme» (Romanos 14.4). ¿Creería Marta que ella, más que Jesús, era el verdadero maestro de María? Jesús sabía esto, aun cuando ningún mortal, podría hacer ese juicio observando la conducta externa de ambas mujeres. Pero Jesús lo sabía porque Él conocía el corazón de las dos hermanas. La conducta de Marta nos muestra cómo el orgullo humano, sutil y lleno de pecado, puede corromper aún la mejor de las acciones. Lo que Marta estaba haciendo no era de ningún modo algo malo. Ella estaba atendiendo a Jesús y a los otros invitados. En un sentido muy práctico y funcional, actuaba como sirvienta en todo, tal como Jesús lo había ordenado tan a menudo. Sin duda comenzó con el mejor de los motivos y las más nobles intenciones.

Pero en el momento en que dejó de escuchar a Jesús, e hizo que otra cosa y no Él, fuera el foco de su corazón y su atención, su perspectiva pasó a ser extremadamente egocéntrica. En ese punto, incluso su servicio a Jesús se contaminó con su enfrascamiento en sí misma y se estropeó por una seria falta de caridad para asumir lo mejor de su hermana. Estaba mostrando una actitud de orgullo pecaminoso que la hacía susceptible también a varios tipos de males: ira, resentimiento, celos, desconfianza, espíritu crítico, enjuiciamiento y falta de bondad. Todo esto estalló en Marta en cuestión de minutos.

Lo peor de todo es que sus palabras impugnaban al Señor mismo. «Señor, ¿no te da cuidado que...» ¿Realmente se habrá imaginado ella que a Él no le importaba? No hay duda que lo sabía muy bien. El amor de Jesús por los tres miembros de esta familia era obvio (Juan 11.5).

Pero los pensamientos y los sentimientos de Marta estaban demasiado centrados en ella misma.

Por eso también, cayó en una trampa religiosa muy común descrita por Pablo en su carta a los corintios: «Porque no nos atrevemos a contarnos ni a compararnos con algunos que se alaban a sí mismos; pero ellos, midiéndose a sí mismos por sí mismos, y comparándose consigo mismos, no son juiciosos» (2 Corintios 10.12). Ella dejó de poner su atención en Cristo y comenzó a observar a su hermana con ojos críticos. Naturalmente, esto comenzó a arruinarle toda la velada.

María en cambio, estaba tan pendiente de los pensamientos de Jesús que llegó a olvidarse completamente de los demás. Se sentó a sus pies y le escuchó atentamente, reteniendo cada una de sus palabras y matices. De ninguna manera estaba inactiva. Simplemente comprendió la *verdadera* importancia de esta ocasión. El Hijo de Dios mismo era un huésped en su hogar. Escucharle y adorarle era, en ese momento, el mejor uso para las energías de María y la única acción correcta para focalizar la atención.

Una cosa que sobresale en María de Betania es su aguda habilidad para observar y comprender el corazón de Cristo. Su temperamento parecía naturalmente más contemplativo que el de Marta. En Lucas 10, ella desea escuchar atentamente a Jesús, mientras Marta trabaja aceleradamente haciendo los preparativos para servir la comida. En Juan 11, cuando Jesús llega después que Lázaro ya ha muerto, Marta sale de la casa a recibirlo, pero María permanece adentro, sumida en su pena (Juan 11.20). Estaba absorta, como de costumbre, en profundos pensamientos. La gente como María no es dada a impulsos repentinos o actividades superficiales. Sin embargo, mientras Jesús tenía que inducir una confesión de fe en Marta (vv.23-27), y aun cuando esta fuera muy vacilante (v.39), María simplemente cayó a los pies de Jesús en adoración (v.32).

María parecía ser capaz de discernir la verdadera intención de Jesús, incluso mejor que cualquiera de los doce discípulos. Su gesto de ungimiento de Él en preparación de su muerte a comienzos de la última semana en Jerusalén muestra una comprensión madura notable. Ese era el fruto de su buena voluntad para permanecer sentada, escuchar y reflexionar. Fue la misma actitud que siempre había tenido María la que alteró a Marta, cuya primera inclinación era actuar o reaccionar. (En ese sentido, Marta tenía mucho en común con Pedro.)

Si Marta hubiera verdaderamente preferido a María por sobre sí misma, habría visto en ella una honda comprensión y amor por Cristo que la sobrepasaba. Podría haber aprendido mucho de su quieta y pensativa hermana. Pero no en ese momento. Marta tenía que poner la mesa, sacar la comida del horno, y «muchas» cosas más que la «afanaban y turbaban» Lucas 10.41). Antes que se diera cuenta, su resentimiento contra María se hizo presente, y no pudo ya controlarlo. Su crítica pública a María fue una fea expresión de orgullo.

LECCIÓN EN CUANTO A LA PRIORIDAD DE LA ADORACIÓN SOBRE EL SERVICIO

Es interesante leer esta narración, y tratar de imaginar cómo respondería el promedio de las mujeres, si estuvieran puestas en una situación como la de Marta. Tengo la fuerte sospecha que muchas de ellas estarían inclinadas a simpatizar con Marta y no con María. Después de todo, normalmente se consideraría descortés dejar a su hermana hacer todo el trabajo difícil en la cocina mientras usted se sienta a charlar con los invitados.

Así en un sentido auténtico, los sentimientos de Marta eran naturales y en cierto modo comprensibles. Esa puede haber sido la razón para que el reproche de Jesús fuera tan suave. En circunstancias normales, cualquier hermana mayor pensaría que es obligatorio que la menor ayude a servir la comida a los huéspedes. En otras palabras, que Marta esperara que María lo hiciera era, en esencia, perfectamente correcto y bueno.

No obstante, lo que María estaba haciendo era aún mejor. Ella había «escogido la buena parte» (Lucas 10.42), había descubierto que una cosa era necesaria: centrar en Cristo su total y verdadera adoración y devoción de su corazón. Esa era una prioridad más alta que el servicio y la buena parte que ella había escogido nadie podría quitársela, ni siquiera por causa de algo tan gentil o beneficioso como ayudar a Marta a preparar una comida para Jesús. La humildad de María y su corazón obediente fue un regalo más grande para Jesús que la bien dispuesta mesa de Marta.

Esto establece la adoración como la más alta de las prioridades para cada cristiano. Nada, ni aún el servicio rendido a Cristo, es más importante que escucharle y honrarle con nuestros corazones. Recuerde que Jesús dijo a la mujer samaritana junto al pozo, que Dios está buscando verdaderos adoradores (Juan 4.23). Jesús había encontrado uno en María, no en Marta, quien entendió que la adoración es un deber más alto que el servicio rendido en su beneficio.

Es un peligro, aún para la gente que ama a Cristo, que lleguemos a estar tan involucrados *haciendo cosas para Él* que comencemos a *descuidar el oírlo y recordar lo que ha hecho por nosotros.* Nunca debemos permitir que nuestro servicio a Cristo sobrepase nuestra adoración a Él. El momento en que nuestras obras llegan a ser más importantes que nuestra adoración, significa que hemos cambiado de lugar las verdaderas prioridades.

En efecto, esa tendencia es ponzoñosa en toda forma de pietismo y liberalismo teológico. En el momento en que se alcen las buenas acciones por sobre la doctrina y la verdadera adoración, también se estarán arruinando las obras. Hacer buenas obras por las obras tiende a exaltar el ego y a despreciar la obra de Dios. Buenas acciones, caridad humana y acciones de bondad son expresiones cruciales de una fe real, pero deben fluir de una verdadera confianza en la redención de *Dios* y *su* justicia. Después de todo, nuestras propias buenas obras nunca podrán ser un medio para ganarnos el favor de Dios; por eso es que en las Escrituras el foco de la fe está siempre sobre lo que Dios ha hecho por nosotros, y nunca sobre lo que nosotros hemos hecho por Él (Romanos 10.2-4). Observe cualquier forma de religión donde las buenas obras son clasificadas como más importantes que la auténtica fe o la sana doctrina, y descubrirá un sistema que denigra a Cristo mientras que indebidamente se magnifica.

No es que Marta fuera culpable de un fariseísmo grosero. No podríamos ser más duros en nuestra estimación de ella que lo que

Cristo lo fue. Ella amaba al Señor. Su fe era real, pero por descuidar las cosas necesarias y ocuparse con mera actividad, llegó a estar espiritualmente desequilibrada. Su conducta nos recuerda que un espíritu dañado de fariseísmo puede resbalar y contaminar aún los corazones de aquellos que sinceramente han adoptado a Cristo como su verdadera opción. La dureza de Marta hacia María muestra precisamente ese tipo de desequilibrio en su propio corazón.

Las amables palabras de Jesús para corregir a Marta (a la vez que su comentario sobre María) ponen las prioridades una vez más en el orden apropiado. La adoración (la que se resume aquí por escuchar atentamente las enseñanzas de Jesús), es lo único necesario. El servicio a Cristo debe estar siempre subordinado a eso.

LECCIÓN EN CUANTO A LA PRIMACÍA DE LA FE SOBRE LAS OBRAS

Un tercer y vital principio espiritual, va de la mano con la prioridad de la adoración sobre el servicio, y está tan relacionado con esto que los dos realmente se entrecruzan. Este tercer principio es que la verdad, (enseñado desde el comienzo hasta el final de la Escritura), eso que nosotros *creemos*, es en último término más determinante que lo que *hacemos*.

El «mucho servicio» de Marta era una distracción (Lucas 10.40) de «aquello» (v.42) que era realmente necesario: escuchar a y aprender de Jesús. A menudo, las obras religiosas tienden en forma siniestra a eclipsar la fe misma. Las buenas obras siempre fluyen de la fe y son los frutos de ésta. Lo que hacemos es vital, porque eso es la evidencia que nuestra fe es viva y verdadera (Santiago 2.14-26). Pero la fe debe venir primero y es la única base viable para la verdad y la duración de las buenas obras. Todo eso está envuelto en la certeza de que las obras no son el instrumento de justificación; la fe lo es (Romanos 4.4-5).

Marta parece haber olvidado estas cosas momentáneamente. Estaba actuando como si Cristo necesitara que se hicieran obras para Él, antes que para el propio beneficio de ella. Más que fijar humildemente su fe en la importancia vital de la obra de Cristo para con los pecadores, ella estaba pensando demasiado en términos de qué podía hacer por Él.

Una vez más, esta parece ser la tendencia natural del corazón humano. Estamos muy equivocados cuando imaginamos que lo que hacemos por Cristo, es más importante que lo que Él hace por nosotros. Los períodos de decadencia espiritual del cristianismo, coinciden con los tiempos en que la iglesia ha perdido de vista la primacía de la fe y en su lugar ha empezado a enfatizar las obras. Prácticamente cada desviación seria de la doctrina a lo largo de la historia de la iglesia, ha tenido esta misma tendencia en su médula —empezando con el error del judaísmo, que insistía que un Antiguo Pacto ritual (la circuncisión) era esencial para la justificación. Ellos negaban que solo la fe podía ser instrumento de justificación, y eso menoscababa los fundamentos mismos del Evangelio.

El instinto humano parece decirnos que lo que nosotros hacemos, es más importante que lo que creemos. Pero eso es falso, es el producto de nuestra caída en el fariseísmo. Constituye un completo error en nuestra forma de pensar, sinceramente equivocada. Nunca debemos creer que nuestras obras por Cristo son mayores que las que Él hace en nuestro beneficio. Por supuesto, un pensamiento como éste no podía nunca entrar concientemente en la mente de Marta. Ella amaba a Cristo. Genuinamente creía en Él, aunque su fe tenía momentos de debilidad. Aún en esta ocasión, permitió que su ansiedad acerca de lo que debía hacer por Cristo abrumara su gratitud por lo que Él hacía por ella.

Estoy muy agradecido de que el reproche de Cristo a Marta fuera amable. Debo confesar que es muy fácil para mí identificarme con ella. Amo el privilegio de servir al Señor, y Él me ha bendecido con más que suficiente para estar ocupado. Es una tentación a veces estar tan involucrado en la actividad del ministerio, y olvidar que la fe y la adoración deben tener siempre la prioridad sobre el trabajo. En estos tiempos frenéticos, todos necesitamos cultivar más el espíritu adorador y oidor de María, y menos la estresante agitación de Marta.

Marta y María, además, nos recuerdan que Dios usa a todo tipo de personas. Él nos ha dotado de manera diversa por alguna razón y no debemos despreciarnos unos a otros, o mirar a los demás con desdén, solo porque tenemos diferentes temperamentos o personalidades contrastantes.

Marta fue una noble y piadosa mujer con un corazón de sierva y una extraordinaria capacidad de trabajo. María era noble también, con una inusual predisposición a la adoración y a la sabiduría. Ambas eran notables en sus propios caminos. Si nosotros pensamos en sus dones y sus comportamientos juntos, nos dan un maravilloso ejemplo a seguir.

Ojalá que nosotros cultivemos diligentemente las mejores cualidades de estas dos extraordinarias mujeres.

10

MARÍA MAGDALENA:
LIBERACIÓN DESDE LAS TINIEBLAS

Habiendo, pues, resucitado Jesús por la mañana, el primer día de la semana, apareció primeramente a María Magdalena, de quien había echado siete demonios.

Marcos 16.9

María Magdalena es uno de los nombres más conocidos y menos comprendidos de la Escritura. Una cortina de silencio se cierne deliberadamente sobre gran parte de su vida y entorno personal, pero aun así, emerge como una de las mujeres ilustres del Nuevo Testamento. Se la menciona por su nombre en cada uno de los cuatro Evangelios, principalmente en relación con los eventos referidos a la crucifixión de Jesús. Tiene el privilegio eterno de haber sido la primera persona a la que Cristo se reveló después de su resurrección.

La tradición de la iglesia, que se remonta a los primeros padres, ha identificado a María Magdalena con la mujer anónima (mencionada solo como «una pecadora») que aparece en Lucas 7.37-38, la que ungió los pies de Jesús y los secó con sus cabellos. Pero no hay ninguna razón para hacer esa conexión. En realidad, podemos hacerlo si tomamos el texto de la Escritura en sentido literal. Ya que Lucas presenta a María Magdalena por primera vez con su nombre en un contexto absolutamente diferente (8.1-3), solo tres versículos después que termina su relato acerca del ungimiento de los pies de Jesús, parece muy improbable que María Magdalena pudiera ser la misma mujer, a quien Lucas describe sin nombrar en el texto precedente. Lucas era demasiado cuidadoso como historiador para omitir un detalle tan esencial como ese.

Algunos comentaristas antiguos especulaban que María Magdalena es la mujer descrita en Juan 8.1-12, la que fue sorprendida en el mismo acto del adulterio y salvada del apedreamiento por Jesús, quien la perdonó y la redimió. Tampoco hay ninguna base para esta asociación.

María Magdalena también ha sido tema de abundante mitología extra bíblica desde la época medieval. Durante la temprana Edad Media, algunos herejes y gnósticos prácticamente se apropiaron de sus características y ligaron su nombre a una serie de leyendas extravagantes. Sobre ella se escribieron varios libros apócrifos, incluyendo uno que pretendía ser la descripción de la vida de Cristo, escrito por ella y conocido como *el Evangelio de María*. Otro, el gnóstico *Evangelio de Felipe*, la presenta como una rival de Pedro.

En años recientes, se han reactivado algunas de esas leyendas, volviéndose a publicar muchas de las historias desacreditadas y apócrifas sobre María Magdalena. Las mujeres del movimiento feminista, la han convertido en un ícono de tipo «espiritual» presentándola como una especie de diosa mítica. Muchos de los antiguos relatos gnósticos sobre ella están en esta perspectiva. Por otra parte, una novela muy exitosa en cuanto a ventas, *El código da Vinci*, de Dan Brown, ha adaptado varias leyendas de este tipo, olvidadas hace bastante tiempo, para tejer una complicada teoría conspirativa que incluye la sugerencia blasfema que Jesús y María Magdalena se habrían casado en secreto y habrían tenido hijos. (De acuerdo con esa tesis, ella, no el apóstol Juan, sería el discípulo amado mencionado en

Juan 20.2 y 21.20.) Pilas de libros que van desde las máximas especulaciones frívolas a obras semi escolares, elaboran las invenciones gnósticas sobre María Magdalena. Unos pocos documentales de televisión altamente sensacionalistas han reforzado la popularidad de estos mitos.

Así que mientras más se habla en estos días de María Magdalena, vemos que solo se trata de meras exageraciones e hipérboles tomadas de cultos antiguos. Lo que la Escritura realmente dice de ella es lo suficientemente extraordinario sin que sea necesario ningún falso embellecimiento. No permitamos que esta mujer verdaderamente notable se llegue a perder en la niebla de herejías místicas antiguas y fantasías diabólicas.

TINIEBLAS

María Magdalena *tenía* un pasado oscuro. Nada indica que su conducta haya sido siempre obscena o sórdida, lo que en algún modo justificaría la común asociación a su nombre con pecados de inmoralidad. En realidad, ella fue una mujer a quien Cristo liberó de la esclavitud demoníaca. Lucas la presenta como «María, que se llamaba Magdalena, de la que habían salido siete demonios» (Lucas 8.2). Marcos 16.9 también menciona los siete demonios. Este es el único detalle que tenemos acerca del pasado de María Magdalena, además de la pista que se deriva de su apelativo.

En realidad, «Magdalena» no es un apelativo en el sentido moderno. Ella no provenía de una familia que tuviera ese nombre; era de la villa de Magdala. Se la llamaba «Magdalena» con el fin de distinguirla de las otras mujeres llamadas María en el Nuevo Testamento, incluyendo a María de Betania y a María, la madre de Jesús.

La pequeña aldea pesquera de Magdala (mencionada solo una vez en la Escritura, en Mateo 15.39) estaba localizada en la orilla noroeste del Mar de Galilea, a unos tres o cuatro kilómetros al norte de la ciudad romana de Tiberias, y cerca de ocho kilómetros y medio al suroeste de Capernaún (pueblo situado en la orilla norte del lago, donde nació Pedro, y que fue una especie de hogar-base del ministerio de Jesús en Galilea. El pueblo de María estaba a distancia de una caminata, y era también accesible por bote, cruzando un extremo del lago). El ministerio de Jesús incluyó numerosos exorcismos en esa región. Parece haber habido allí un semillero de actividad demoníaca.

Los síntomas de la posesión demoníaca en el Nuevo Testamento son variados. Los endemoniados eran algunas veces personas dementes, como es el caso de dos hombres poseídos por los demonios, que vivían en un cementerio y se comportaban tan fieramente que nadie se atrevía a acercárseles (Mateo 8.28-34; Marcos 5.1-5). Marcos nos dice que al menos uno de ellos tenía el hábito de mutilarse con piedras (Marcos 5.5). Con mucha frecuencia, la posesión demoníaca implicaba padecimientos físicos, tales como ceguera (Mateo 12.22), sordera (Marcos 9.25), incapacidad para hablar (Mateo 9.32-33), convulsiones y ataques (Marcos 1.26; Lucas 9.38-40) y padecimientos generales (Lucas 13.11-13).

No pensemos (como muchos lo hacen) que la descripción bíblica de las posesiones demoníacas, son meras acomodaciones a las supersticiones humanas, o que las enfermedades caracterizadas como posesión demoníaca en la Biblia, fueran en realidad manifestaciones de epilepsia, demencia u otras aflicciones puramente fisiológicas y sicológicas. Las Escrituras hacen una clara distinción entre posesión demoníaca y enfermedad, incluyendo epilepsia y parálisis (Mateo 4.24). La posesión demoníaca implica sujeción a un espíritu demoníaco —una criatura caída verdadera y personal—

que habita en la persona afligida. En varios casos, la Escritura describe cómo los espíritus de demonios hablan a través de los labios de aquellos a quienes atormentan (Marcos 1.23-24; Lucas 4.33-35). Algunas veces, Jesús obligaba a los demonios a identificarse, quizás para dar una clara prueba de su poder sobre ellos (Marcos 5.8-14).

En todos los casos, sin embargo, la posesión demoníaca es presentada como una aflicción, no como un pecado en sí. Indudablemente, la anarquía, la superstición y la idolatría juegan un gran papel importante, en abrir el corazón de las personas a la posesión demoníaca, pero a ninguno de estos individuos endemoniados en el Nuevo Testamento se les asocia explícitamente con conductas inmorales. Siempre se los presenta como personas atormentadas, no como malhechores obstinados. Sufren miserables indignidades a manos de los espíritus satánicos. Todos son criaturas miserables, afligidas, solitarias, desanimadas, desesperadas y dignas de compasión. Muchos eran mirados como parias e indeseables por la sociedad. Invariablemente, la Escritura las presenta como víctimas con vidas completamente arruinadas.

Podemos estar seguros que tal era el caso de María Magdalena. Satanás la atormentaba con siete demonios. No había nada que algún hombre o mujer pudiera hacer por ella. Era una genuina prisionera de aflicciones demoníacas. Esto indudablemente incluía depresión, ansiedad, infelicidad, soledad, baja autoestima, vergüenza, temor y una serie de otras miserias similares. Con toda probabilidad, ella sufría además otros tormentos peores, tales como ceguera, sordera, locura y cualquier otro desorden comúnmente asociado con víctimas de posesión demoníaca descritas en el Nuevo Testamento. Cualesquiera hayan sido, tiene que haber estado en perpetua agonía; a lo menos siete tipos de agonías. Los endemoniados en las Escrituras eran siempre personas sin amigos, excepto en raras ocasiones, cuando los cuidaban familiares esforzados. Estaban perpetuamente alterados por su incapacidad para huir de los constantes tormentos de sus diabólicos captores. Vivían sin alegría porque toda su vida era oscuridad y miseria. Y carecían de esperanza porque no había remedio terrenal para sus aflicciones espirituales.

Eso es todo lo que se nos puede decir con certeza, respecto del pasado de María Magdalena. La Escritura deliberada y misericordiosamente omite los macabros detalles de su espeluznante posesión demoníaca. Pero se nos da suficiente información para saber a lo más que ella debe haber sido una alma lúgubre, malhumorada y torturada. Y es muy posible (especialmente con tantos demonios que la afligían) que su caso haya sido todavía peor. O bien pudo haber sido tan demente que la mayoría de la gente la considerara una lunática irrecuperable.

LIBERACIÓN

Jesús la había liberado de todo eso. Lucas y Marcos parecen mencionar su antigua condición demoníaca, solo con el propósito de celebrar la misericordia y gracia de Cristo para con ella. Sin hurgar en detalles sórdidos de su pasado, ellos registran el hecho de su esclavitud de los demonios de una forma que magnifica la gracia del poder de Jesús.

Un hecho desconcertante sobresale respecto de todas las liberaciones demoníacas que están registradas en la Escritura: las personas poseídas por demonios nunca vinieron a Jesús para ser liberadas. Por lo general las llevaban a Él. (Mateo 8.16; 9.32; 12.22; Marcos 9.20). Algunas veces Él mismo los llama (Lucas 13.12), o va a ellos (Mateo 8.28-29). En ocasiones, cuando los demonios están ya presentes a su llegada, gritan con sorpresa y desfallecimiento (Marcos 1.23-24; Lucas 8.28).

Los espíritus satánicos jamás llegaron voluntariamente ante la presencia de Jesús. Ni jamás permitieron que alguien a quien poseían se acercara a Él. A menudo gritaban en su contra (Lucas 4.34). Algunas veces causaban violentas convulsiones, en un último intento por mantener alejadas de Él a las almas que poseían (Marcos 9.20), pero Jesús soberanamente atrajo y liberó a multitudes que eran poseídas por demonios (Marcos 1.34-39). La liberación que hacía de la esclavitud del demonio era siempre instantánea y completa.

María Magdalena fue una de ellas. Cómo y cuándo fue liberada no se nos dice, pero Jesús la dejó libre, y fue libre de verdad. Habiendo sido liberada de demonios y del pecado, pasó a ser una sierva de la justicia (Romanos 6.18). Su vida no fue meramente reformada; fue completamente transformada.

En un punto de su ministerio, Jesús nos da una más bien punzante ilustración de lo inadecuado de la religión de la autoreforma:

Cuando el espíritu inmundo sale del hombre, anda por lugares secos, buscando reposo; y no hallándolo, dice: Volveré a mi casa de donde salí. Y cuando llega, la halla barrida y adornada. Entonces va, y toma otros siete espíritus peores que él; y entrados, moran allí; y el postrer estado de aquel hombre viene a ser peor que el primero (Lucas 11.24-26).

Es intrigante que María Magdalena haya estado poseída por siete demonios. Quizás haya tratado de reformar su propia vida y aprendido de la manera más dura, lo inútil que es tratar de soltarse de las garras de Satanás por sí sola. Las buenas obras y la religión no pagan las culpas del pecado (Isaías 64.6), y ningún pecador tiene dentro de sí el poder para cambiar su propio corazón (Jeremías 13.23). Podemos hacer cambios cosméticos (barriendo la casa y poniéndola en orden), pero eso no nos traslada del dominio de las tinieblas al reino de la luz. Solo Dios puede hacer eso (2 Pedro 2.9). Solo el mismo «Dios, que mandó que de las tinieblas resplande- ciese la luz, es el que resplandeció en nuestros corazones, para iluminación del conocimiento de la gloria de Dios en la faz de Jesucristo» (2 Corintios 4.6). Eso es, precisamente, lo que el Señor hizo por María Magdalena.

María le debía todo a Jesús. Ella lo sabía. Su subsecuente amor por Él reflejó la profundidad abismal de su gratitud.

DISCIPULADO

María Magdalena se unió al círculo íntimo de discípulos que viajaban con Jesús en sus viajes largos. Su liberación de demonios podría haber ocurrido más o menos a fines del ministerio de Cristo en Galilea. Lucas es el único de los escritores evangelistas que la menciona antes de la crucifixión.

Nótese el contexto en el cual se la nombra:

Aconteció después, que Jesús iba por todas las ciudades y aldeas, predicando y anunciando el evangelio del reino de Dios, y los doce con él, y algunas mujeres que habían sido sanadas de espíritus malos y de enfermedades: María, que se llamaba Magdalena, de la que habían salido siete demonios, Juana, mujer de Chuza intendente de Herodes, y Susana, y otras muchas que le servían de sus bienes (Lucas 8.1-3).

No había, por cierto, nada inapropiado en la práctica de Jesús, de permitir a mujeres discípulas entre sus seguidores. Podemos tener la certeza de que cualesquiera hayan sido los arreglos de viajes hechos por el grupo, el nombre de Jesús y el honor, (igual como la reputación de *todos* los hombres y mujeres del grupo) eran cuidadosamente guardados de cualquiera insinuación reprochable. Después de todo, los enemigos de Jesús buscaban desesperadamente razones para acusarlo. Y si hubiera habido cualquiera situación propicia, para que sembraran dudas acerca de la forma en que Jesús se relacionaba con las mujeres, no se habrían demorado en usarla. Pero aunque sus enemigos mentían con regularidad acerca de Él y lo acusaban de ser un glotón y un bebedor de vino (Mateo 11.19), nunca se dijo nada sobre la forma en que trataba a las mujeres en su grupo de discípulos. Estas eran mujeres piadosas, que dedicaban su vida a las cosas espirituales. Evidentemente no tenían responsabilidades familiares que las obligaran a permanece en casa. Si hubieran faltado a cualquiera de sus deberes, podemos tener la certeza de que Jesús jamás les habría permitido que lo acompañaran. No hay ni el más mínimo signo de impropiedad o indiscreción en la manera como cualquiera de ellas se relacionó con Él.

Es verdad que, por lo general, la mayoría de los rabinos de esa cultura no permitían a mujeres que fueran sus discípulas. Pero Jesús instó a los hombres y a las mujeres a tomar su yugo y a aprender de Él. Esta es otra evidencia más acerca de cómo las mujeres son honradas en las Escrituras.

Lucas dice que María Magdalena y las otras mujeres, estuvieron entre aquellas que «le servían de sus bienes» (Lucas 8.3). Quizás María había heredado recursos financieros que usó para apoyar a Jesús y a sus discípulos. El hecho de que fuera capaz de viajar con Jesús en el círculo íntimo de sus discípulos puede ser una señal de que no era casada y, por lo tanto, estaba libre de toda obligación con padres o familia cercana. También pudo haber sido viuda. No hay evidencia que fuera una mujer joven. El hecho de que su nombre aparezca encabezando la lista de este grupo de mujeres parece indicar que ocupaba un lugar de respeto entre las demás.

María Magdalena permaneció como una discípula fiel de Jesús aún cuando otros lo abandonaron. En efecto, ella aparece en el Evangelio de Lucas, en una época en que la oposición a Jesús crecía al punto que Él, comenzó a enseñar en parábolas (Mateo 11.10-11). Cuando otros se sentían ofendidos por lo que Él decía, ella permanecía a su lado. Cuando algunos ya no caminaron más con Él, ella permaneció fiel. Le siguió todo el camino desde Galilea a Jerusalén para la última celebración de la Pascua. Terminó siguiéndole hasta la cruz, y aún más allá.

DESASTRE

Mateo, Marcos y Juan registran que María Magdalena estaba presente en la crucifixión. Combinando los tres relatos, está claro que ella estaba junto a María, la madre de Jesús, Salomé (la madre de los apóstoles Jacobo y Juan), y otra María menos conocida (la madre de Jacobo el menor y José).

Hay una interesante progresión en el relato de los Evangelios. Juan, describiendo los acontecimientos cercanos al comienzo de la crucifixión, dice que las mujeres «estaban junto a la cruz» (Juan 19.25). Permanecían lo suficientemente cerca para oírle hablar a Juan y a María cuando Él entregó a su madre al cuidado del discípulo amado (vv.26-27).

Pero Mateo y Marcos, describiendo el final del vía crucis, dicen que las mujeres estaban «mirando de lejos» (Mateo 27.55; Marcos 15.40). A medida que la crucifixión transcurría, una masa de bribones, burlándose, se instalaron allí, haciendo retroceder a codazos a las mujeres. Estas probablemente se replegaron instinti-

vamente, también porque la escena era cada vez más y más horri-
pilante. Era como si no fueran capaces de seguir mirando, aunque
tampoco de irse.

De modo que permanecieron allí hasta que sobrevino la muerte.
No podían hacer otra cosa que mirar y orar y sufrir. Ver a aquel que
amaban, y en quien confiaban, desgarrado en medio de tanta
violencia, tiene que haberles parecido el desastre más grande. Allí
estaban paradas, ante una turba fanática sedienta de sangre, que
pedía a gritos la muerte de su amado Señor. Con el furor de la
muchedumbre enloquecida de odio en su clímax, podían fácilmente haber sido víctimas del populacho. Pero nunca se
acobardaron. Nunca dejaron la escena hasta que se produjo la
muerte. Y aún entonces, permanecieron junto al cuerpo de Jesús.
Tal era el magnetismo de su lealtad y amor por Jesús.

De hecho, fue solo gracias a María Magdalena, que los discípulos supieron donde había sido puesto el cuerpo de Jesús
después de su muerte. Marcos dice que José de Arimatea pidió a
Pilato el cuerpo de Cristo con el fin de darle una sepultura
apropiada. José tenía acceso a Pilato porque era un prominente
hombre del Sanedrín, el consejo gobernante de los líderes judíos
(Marcos 15.43). Ellos eran el mismo grupo que había conspirado
para traer a Jesús a juicio, condenándole, y habían votado para
enviarlo a la muerte esa misma mañana. José, sin embargo, era un
discípulo secreto de Jesús (Juan 19.38), y «no había consentido en
el acuerdo ni en los hechos de ellos» (Juan 19.38). Los cuatro
Evangelios relatan la acción de José para recuperar el cuerpo de
Jesús. Marcos agrega que María Magdalena y María la madre de
José siguieron en secreto a José hasta la tumba y «miraban dónde
lo ponían» (Marcos 15.47).

El apóstol Juan describe cómo José de Arimatea, junto con
Nicodemo (quien era un «principal de los judíos», de acuerdo con
Juan 3.1, y además probablemente también un miembro del

Sanedrín y un discípulo secreto), «tomaron, pues, el cuerpo de Jesús, y lo envolvieron en lienzos con especias aromáticas, según es costumbre sepultar entre los judíos» (Juan 19.40). Juan dice que Nicodemo había gastado alrededor de cien libras de «mirra y aloes» (v.39). Estas eran especias aromáticas y resinas que usaban los judíos para embalsamar. Los dos hombres rápidamente ungieron el cuerpo de Jesús y lo envolvieron firmemente con tela de lino (v.40). Debieron apresurarse en terminar la tarea antes que comenzara el sábado (v.42).

El amor de María Magdalena por Cristo era tan fuerte como el de ellos. Tomó nota de dónde y cómo había sido puesto en la tumba. Después de lo que Él había hecho por ella, ver a Jesús sin vida, su cuerpo golpeado y tan precariamente preparado y abandonado en una tumba fría debe haberle roto el corazón. Estaba decidida a lavarlo y a ungirlo apropiadamente. Así Lucas 23.55-56 dice que ella y la otra María empezaron la preparación de sus propias especias funerarias, antes que comenzara el sábado. Marcos 16.1 agrega que adquirieron todavía más especias tan pronto como el día de descanso concluyó (a la puesta del sol del día sábado). Como primera actividad de la mañana, planearon darle un entierro digno de alguien a quien amaban profundamente.

AMANECER

María Magdalena había permanecido más tiempo que ningún otro discípulo junto a la cruz. Además, también había sido la primera en llegar hasta su tumba al amanecer del primer día de la semana. Su devoción nunca fue más auténtica que frente a su muerte, y esa devoción iba a ser recompensada de una manera inimaginable-mente triunfante.

Es evidente que no había ningún pensamiento de resurrección en la mente de ella. Había presenciado de muy cerca los devastadores efectos de los amargos golpes que Jesús había recibido camino de la cruz. Había sido testigo directo de cómo se le iba la vida. Había observado cómo su cuerpo sin vida era envuelto en linos, sin el debido ceremonial, preparado en forma precipitada con ungüentos y dejado solo en la tumba. El único pensamiento que llenaba su corazón era el deseo de hacer apropiadamente lo que había visto hacer a Nicodemo y a José, con tanta prisa y al azar. (Es posible que los haya reconocido como miembros del hostil Sanedrín; de otra manera, probablemente no los habría conocido en absoluto.) Pensó que estaba llegando a la tumba por una expresión final de amor hacia su Maestro, a quién sabía que le debía todo.

El apóstol Juan, en calidad de testigo ocular de algunos de los dramáticos hechos de esa mañana, entrega la mejor descripción:

El primer día de la semana, María Magdalena fue de mañana, siendo aún oscuro, al sepulcro; y vio quitada la piedra del sepulcro. Entonces corrió, y fue a Simón Pedro y al otro discípulo, aquel al que amaba Jesús, y les dijo: «Se han llevado del sepulcro al Señor, y no sabemos dónde le han puesto». Y salieron Pedro y el otro discípulo, y fueron al sepulcro. Corrían los dos juntos; pero el otro discípulo corrió más aprisa que Pedro, y llegó primero al sepulcro. Y bajándose a mirar, vio los lienzos puestos allí, pero no entró. Luego llegó Simón Pedro tras él, y entró en el sepulcro, y vio los lienzos puestos allí, y el sudario, que había estado sobre la cabeza de Jesús, no puesto con los lienzos, sino enrollado en un lugar aparte. Entonces entró también el otro discípulo, que había venido primero al sepulcro; y vio, y creyó. Porque aún no habían entendido la Escritura, que era necesario que él resucitase de los muertos. Y volvieron los discípulos a los suyos. Pero María estaba fuera llorando junto al sepulcro; y mientras lloraba, se

inclinó para mirar dentro del sepulcro; y vio a dos ángeles con vesti-
duras blancas, que estaban sentados el uno a la cabecera, y el otro a
los pies, donde el cuerpo de Jesús había sido puesto. Y le dijeron:
«Mujer, ¿por qué lloras?» Les dijo: «Porque se han llevado a mi
Señor, y no sé dónde le han puesto» (Juan 20.1-13).

Mateo 28.2 dice que el rodar de la piedra fue acompañado de «un gran terremoto». También sabemos por Mateo y Marcos, que al menos otras dos mujeres («la otra María»y Salomé) vinieron a ayudar. Ellas habían considerado la dificultad de rodar la gran piedra (un macizo bloque en forma de rueda que se apoyaba en un pilón) para sacarla de la entrada de la tumba, pero al momento en que ellas llegaron, la piedra estaba ya quitada.

Tanto Marcos 16.5 como Lucas 24.3 dicen que fueron al interior del sepulcro y lo encontraron vacío. La primera inclinación de María fue asumir que alguien había robado el cuerpo de Jesús. Inmediatamente corrió fuera de la tumba y regresó por el mismo camino que había venido, aparentemente planeando pedir ayuda. Antes de llegar muy lejos, no obstante, encontró a Pedro y a Juan, camino al sitio del sepulcro. Casi sin aliento, les contó lo que había encontrado. Juan hace una anotación respecto de que él corrió más que Pedro, pero se detuvo en la boca de la tumba para mirar adentro, y Pedro lo dejó atrás para entrar hasta el sepulcro mismo. Allí encontró la tumba vacía con los lienzos funerarios y el sudario plegado y puesto a un lado. Juan se le unió dentro de la tumba misma. Ver las ropas funerarias todavía intactas pero vacías era suficiente, dice Juan, para que creyera. Él y Pedro dejaron la escena inmediatamente (Lucas 24.12). Fue probablemente en ese punto cuando las mujeres entraron a la tumba otra vez para ver por sí mismas (Marcos 16.4).

Entretanto María Magdalena, sobrepasada por un nuevo dolor al pensar que alguien había robado el cuerpo, permaneció a solas fuera de la tumba. Estaba inclinada mirando cuando dos ángeles se aparecieron adentro de la tumba (Juan 20.12). Mateo, Marcos y Lucas cuentan la historia en forma abreviada, omitiendo algunos detalles deliberadamente. Cada relato nos da diferentes aspectos de la historia, pero son fáciles de armonizar. Por supuesto, todas las mujeres vieron a los ángeles. Solo uno de ellos habló. Les dijo a las mujeres: «No está aquí, pues ha resucitado» (Mateo 28.6; Marcos 16.6; Lucas 24.6). Luego las instruyó, diciéndoles: «Id pronto y decid a sus discípulos que ha resucitado de los muertos» (Mateo 28.7). En ese punto, todas menos María, salieron. Según Mateo, «ellas, saliendo del sepulcro con temor y gran gozo, fueron corriendo a dar las nuevas a sus discípulos» (v.8).

María parece haber permanecido afuera de la tumba, todavía desconsolada por la ausencia del cuerpo. Era evidente que ella no sabía de las ropas en la tumba vacía. Parece claro que no había oído las noticias triunfantes del ángel ni que entendía cuán alborozados estaban Pedro y Juan cuando dejaron la tumba. El ángel vino y le habló directamente a ella: «Mujer, ¿por qué lloras?» (Juan 20.13)

En medio de los sollozos de su corazón roto, María respondió, «Porque se han llevado a mi Señor, y no sé dónde le han puesto» (Juan 20.13).

Y fue justo entonces que se volvió y vio a Jesús. Al principio, a través de sus ojos llenos de lágrimas, no le reconoció (no era la única que no percibió instantáneamente quien era Él después de su resurrección. Más tarde, ese mismo día, según Lucas 24.13-35, dos de sus discípulos viajaron un trecho con Él en el camino a Emaús, antes que sus ojos fueran abiertos para darse cuenta de quién era). Su semblante se veía diferente, glorificado. Quizás lucía como Juan lo describe en Apocalipsis 1.14, «Su cabeza y sus cabellos eran blancos como blanca lana, como nieve; sus ojos como llama de fuego».

Jesús habló: «Mujer, ¿por qué lloras? ¿A quién buscas?» (Juan 20.15)

María, pensando que era el hortelano, le pidió que le dijera dónde había llevado el cuerpo.

Todo lo que Él hizo fue decir su nombre y ella lo reconoció instantáneamente. «Y a sus ovejas llama por nombre... y las ovejas le siguen, porque conocen su voz» (Juan 10.3-4).

«¡Raboni!» La pena de María se convirtió instantáneamente en inefable alegría (Juan 20.16) y debe haber tratado de abrazarlo como si nunca más lo fuera a dejar partir.

Sus palabras, «No me toques» (v.17), testifican de una manera especial del carácter extraordinario de María Magdalena. Muchos de nosotros somos muy parecidos al apóstol Tomás: vacilantes y pesimistas. Jesús instó a Tomás a que lo tocara para que verificara la identidad de Jesús (v.27). Es notable y triste, pero cierto, que la mayoría de los discípulos de Jesús, especialmente en la era posmoderna, constantemente necesitan ser persuadidos para estar más cerca de Él. María, por el contrario, no quería dejarlo ir.

Jesús de este modo le confiere un único y paralelo honor permitiéndole ser la primera en verlo y oírlo después de su resurrección. Otros habían ya oído y creído las gratas noticias por boca del ángel.

María lo oyó de Jesús mismo. El epitafio bíblico sobre su vida quedó registrado en Marcos 16.9: «Habiendo, pues, resucitado Jesús por la mañana, el primer día de la semana, apareció primeramente a María Magdalena».

Ese fue su legado extraordinario. Nadie podrá nunca compartir ese honor o quitárselo. Pero nosotros podemos, y deberíamos, tratar de imitar su profundo amor por Cristo.

11

LIDIA: UN CORAZÓN HOSPITALARIO

Habiendo, pues, resucitado Jesús por la mañana, el primer día de la semana, apareció primeramente a María Magdalena, de quien había echado siete demonios.

Marcos 16.9

A Lidia se la recuerda como la primera persona que se convirtió al Evangelio en Europa. Fue la primera en responder públicamente al mensaje de Cristo durante el primer viaje misionero de Pablo a ese continente. Su conversión constituyó la cabeza de puente de la iglesia en un continente que finalmente llegó a convertirse en centro del testimonio del Evangelio en todo el mundo. (Europa solo cedió esa distinción a Norteamérica en los últimos cien años o algo así.)

Irónicamente, sin embargo, Lidia misma no era europea. Su nombre era también el de una importante provincia de Asia, donde probablemente nació. La ciudad capital de Lidia era Sardis. El último y más conocido gobernante fue Creso, quien gobernó en el siglo VI a.C. y cuyo nombre es sinónimo de riqueza. (Fue derrotado por Ciro, soberano de Medo-Persia en los tiempos de Esdras. Ciro usó la riqueza que le había capturado a Creso para conquistar la mayor parte del mundo conocido.) En tiempos de los romanos, la otrora famosa tierra de Lidia era solo una de las provincias de Asia Menor. Pero hacia el fin de la era apostólica, la provincia de Lidia era además un próspero centro del cristianismo. Sardis (todavía ciudad capital de la región en la época del apóstol Juan) era el asiento de una de las siete iglesias del libro de Apocalipsis (3.1-6).

Lidia vivía en la ciudad de Tiatira, en la provincia de Lidia. Tiatira era la sede de una de las siete iglesias del Apocalipsis (2.18-29). Significativamente, Tiatira estaba localizada en la misma región de Asia Menor donde Lucas nos dice que a Pablo, a Silas y a Timoteo le «fue prohibido por el Espíritu Santo hablar la palabra en Asia» (Hechos 16.6).

Muy poco tiempo después que todas las puertas se cerraron para que Pablo pudiera seguir plantando iglesias en Asia Menor, Dios soberanamente condujo la expansión misionera en Europa por medio de un sueño en el cual un varón macedonio «estaba en pie, rogándole y diciendo: pasa a Macedonia y ayúdanos» (v.9). En aquellos días, Macedonia era el nombre de una provincia romana que cubría mucho de la parte superior de la provincia de Grecia, extendiéndose del Adriático al Egeo. El área donde Pablo desarrollaba su ministerio estaba en la Grecia de los tiempos modernos. (La moderna Macedonia es una región considerablemente más pequeña, distinta de Grecia.)

«En seguida», dice Lucas, «procuramos partir para Macedonia, dando por cierto que Dios nos llamaba para que les anunciásemos el evangelio» (v.10).

Las ironías son muchas. En lugar de alcanzar a Lidia en la región que ella reconocía como su hogar, el Evangelio la persiguió hasta Europa, donde tenía negocios. Aunque Pablo vio al varón macedonio en visión, una mujer en Asia fue la primera convertida que se recuerde en Europa.

Lidia era una mujer destacada que aparece repentina e inesperadamente en la narración bíblica, recordándonos que mientras los propósitos soberanos de Dios por lo general permanecen ocultos a nuestros ojos, Él siempre trabaja en maneras secretas y sorprendentes para llamar a alguien para su nombre.

Cómo llegó el Evangelio a Lidia

La historia de Lidia es breve pero convincente. Se cuenta, en apenas unos pocos versículos cerca del comienzo de la narración de Lucas, acerca del segundo viaje misionero del apóstol Pablo. Este fue una extensa gira misionera cuya descripción abarca desde Hechos 15.36 a 18.22. Los principales acompañantes de Pablo en ese largo viaje fueron Silas y Timoteo. Al parecer Lucas se les unió justo antes que cruzaran el angosto estrecho de Troas, en Asia Menor, para pasar a Macedonia (entrando a Europa). El enrolamiento de Lucas en el equipo misionero fue indicado por un abrupto cambio del pronombre a segunda persona, que parte en Hechos 16.10 («en seguida procuramos partir para Macedonia»). Desde ese punto en adelante, Lucas escribe como un testigo ocular. Fue en ese mismo punto que entra en acción la historia de Lidia.

La guía providencial de la mano soberana de Dios fue evidente para todo el grupo de Pablo. Lucas no explica todas las circunstancias, pero de alguna manera ellos fueron prohibidos por el Espíritu Santo de viajar al corazón de Asia menor. También se les cerraron todas las demás puertas del ministerio en Asia (16.6-8). Fue entonces que Pablo recibió la revelación que lo llamaba a cruzar al continente europeo. Dios dejó perfectamente claro a todos que había un solo camino por delante: Macedonia. No perdieron tiempo cruzando a Grecia continental.

Lucas da una detallada cuenta sobre la ruta que tomaron para llegar a Macedonia: «Zarpando, pues, de Troas, vinimos con rumbo directo a Samotracia, y el día siguiente a Neápolis; y de allí a Filipos, que es la primera ciudad de la provincia de Macedonia, y una colonia; y estuvimos en aquella ciudad algunos días» (Hechos 16.11-12). El viaje corto, de dos o tres días, fue principalmente por mar. La ruta de Troas a Neápolis cubría cerca de 140 millas náuticas. Neápolis era la ciudad-puerto vecina de Filipos, ubicada a unas diez millas tierra adentro.

Filipos tomó su nombre de Filipo II de Macedonia, padre de Alejandro el Grande. Era la terminal del Este de la famosa ruta romana conocida como la Vía Ignacia. Tesalónica, donde Pablo establecería más tarde una célebre iglesia, estaba a unos 240 kilómetros al oeste, en el otro extremo de la Vía Ignacia.

En los días de Pablo, Filipos era una comunidad próspera y activa en la intersección de dos rutas comerciales (una por tierra a través de la carretera principal desde Tesalónica y la otra por mar, en dirección al vecino puerto de Neápolis). Lucas describe a Filipos como «una colonia» (Hechos 16.12), lo cual significa que era una colonia de Roma, con un gobierno romano y una numerosa población de ciudadanos romanos. La historia cuenta que el año 31 A.D. Filipos llegó a ser una colonia romana. Eso significa que la ciudad tenía su propio gobernador local que se reportaba directamente a Roma, independiente del todo del gobierno provincial de Macedonia.

Sus ciudadanos estaban también exentos de pagar impuesto a Macedonia, de modo que era una ciudad floreciente, muy animada, con negocios y comercio de todo el mundo. Era un lugar estratégico para introducir el Evangelio en Europa.

Pablo y sus compañeros pasaron «algunos días» en Filipos, aparentemente esperando por el sábado. La estrategia evangelística normal de Pablo era presentar primero el Evangelio en la sinagoga local. Él sabía que si hubiera comenzado a predicar a los gentiles, los judíos nunca habrían escuchado nada de lo que tenía que decirles. Filipos, sin embargo, era una ciudad enteramente gentil, sin sinagoga.

Allí había algunos judíos, muy pocos, insuficientes como para sostener una sinagoga. Para crear una sinagoga en cualquier comunidad, la costumbre judía requería de un quórum (conocido como *minyan*), de al menos diez judíos hombres (cualquier adulto varón mayor de la edad del *Bar Mitzvah* calificaba).

Este número supuestamente se derivaba del relato bíblico de la destrucción de Sodoma y Gomorra, cuando Dios le dijo a Abraham que tendría piedad de esas ciudades por amor a diez hombres justos (Génesis 18.32-33). Pero la regla del *minyan* era un ejemplo clásico de invención rabínica. La ley bíblica no hace tal restricción.

De acuerdo con la tradición, en comunidades sin sinagoga si las mujeres judías lo deseaban podían orar juntas, en grupo, pero los hombres tenían que formar un legítimo minyan antes de poder participar en cualquier acto de adoración formal, pública o comunitaria, incluyendo oraciones, la lectura de la Torá u ofrecer bendiciones públicas.

Puesto que la comunidad judía de Filipos aparentemente no era muy grande para formar un legítimo minyan, Pablo y su grupo se averiguaron dónde estaba el lugar en que las mujeres se reunían el sábado a orar y fueron hasta allí. Lucas escribe: «Y un día de reposo salimos fuera de la puerta, junto al río, donde solía hacerse la oración; y sentándonos, hablamos a las mujeres que se habían reunido» (Hechos 16.13). El río era un pequeño arroyo conocido como el Gangites, justo al occidente de la ciudad. Al parecer, el grupo de mujeres que se reunían allí constituía la única concentración pública de judíos en cualquier lugar de Filipos en un típico día sábado. Manteniendo su principio de llevar el Evangelio «al judío primeramente» (Romanos 1.16), Pablo fue a predicar a la ribera del río.

Lo irónico fue que la mujer que respondió con más entusiasmo no era judía. Lidia era una adoradora de Jehová, al menos externamente. Pero era una gentil, una activa buscadora del verdadero Dios que aún no había llegado a ser una formal prosélito. Lucas describe el primer encuentro con Lidia de este modo: «Entonces una mujer llamada Lidia, vendedora de púrpura, de la ciudad de Tiatira, que adoraba a Dios, estaba oyendo» (Hechos 16.14).

Era, en efecto, una mujer de negocios. Vendía tintura de púrpura y telas finas de púrpura, manufacturadas por una famosa comunidad de su pueblo natal de Tiatira. (Los arqueólogos han descubierto varias inscripciones romanas que datan del primer siglo y se refieren a la comunidad de tintoreros de Tiatira.) El colorante, raro y caro (en realidad más carmesí que la púrpura) era fabricado sobre la base de las púas de la caparazón de un molusco conocido como cañadilla. El proceso se había inventado en la antigua Tiro, y la tinta era (y lo es aún) conocida como tintura de Tiro. Los manufactureros de Tiatira habían perfeccionado un mejor método para obtener la tinta de los moluscos. También habían creado una tinta menos cara de color similar, a partir de la raíz de una especie vegetal. Esta era una alternativa popular del valioso color, especialmente entre la gente de la clase trabajadora. Pero la costosísima tinta de Tiro era la base de la púrpura original, y ese producto era uno de los artículos más apreciados en todo el mundo antiguo. Por tal razón, Lidia debe haber sido una mujer de buena situación. La mención que se hace de su familia en Hechos 16.15 indica que mantenía un hogar en Filipos, muy probablemente, con sirvientes domésticos. Todo esto confirma que era una mujer acaudalada.

Cómo el Evangelio conquistó el corazón de Lidia

La manera en que se convirtió Lidia, es una excelente ilustración de cómo Dios siempre redime a las almas perdidas. Desde nuestra perspectiva humana, podemos pensar que nosotros le estamos buscando, que creer en Dios es meramente «una decisión» que está en el poder que tiene nuestra propia voluntad de elegir, o que somos soberanos sobre nuestro corazón y sobre nuestros sentimientos. En realidad, dondequiera que usted vea un alma como la de Lidia buscando a Dios, puede tener la certeza de que es Él quien la está atrayendo. Dondequiera que alguien deposita su confianza en Cristo, es Dios quien abre el corazón para que crea. Si Dios mismo no nos llevara a Cristo, nunca llegaríamos a Él. Jesús fue muy claro cuando dijo: «Ninguno puede venir a mí, si el Padre que me envió no le trajere» (Juan 6.44). «Por eso os he dicho que ninguno puede venir a mí, si no le fuere dado del Padre» (v.65).

El corazón humano caído está en total esclavitud del pecado. Cada pecador es tan indefenso como lo era María Magdalena bajo el poder de esos siete demonios. Romanos 8.7-8 dice:

«Por cuanto los designios de la carne son enemistad contra Dios; porque no se sujetan a la ley de Dios, ni tampoco pueden; y los que viven según la carne no pueden agradar a Dios». Nosotros no tenemos poder para cambiar nuestros corazones o salirnos del poder del mal para volvernos buenos «¿Mudará el etíope su piel, y el leopardo sus manchas? Así también, ¿podréis vosotros hacer bien, estando habituados a hacer mal?» (Jeremías 13.23)

El amor por el mal es parte de nuestra naturaleza caída y es lo mismo que hace imposible que escojamos el bien por sobre el mal. Nuestras voluntades se inclinan en concordancia con lo que amamos. Somos prisioneros de nuestra propia corrupción. Las

Escrituras nos muestran la condición de cada pecador caído como un estado de esclavitud del pecado sin esperanza alguna.

En realidad, es peor que eso. Es un tipo de muerte, una aridez espiritual superior que nos deja totalmente a merced de los deseos pecaminosos de nuestra propia carne (Efesios 2.1-3). Estamos imposibilitados de cambiar nuestro propio corazón por uno mejor.

Hechos 16.14 describe a Lidia como una mujer «que adoraba a Dios». Intelectualmente al menos, ella ya sabía que Jehová era el único Dios verdadero. Al parecer, se encontraba regularmente con las mujeres judías que se reunían a orar el sábado, pero aun no se había convertido al judaísmo. Lucas señala que Lidia «estaba oyendo» (Hechos 16.14). Usa un vocablo griego que significa que estaba escuchando intensamente. No solo estaba absorta del sonido, sino que cuidadosamente atendía al significado de las palabras. No era como aquellos que acompañaban a Pablo camino de Damasco, que oían el sonido de las voces (Hechos 9.7) pero no entendían el significado (22.9). Ella escuchaba extasiada y comprendía el mensaje del Evangelio que explicaban Pablo y sus compañeros.

Su corazón fue realmente abierto. Era una buscadora genuina de Dios. Pero observe el punto de vista completo de Lucas: no era que Lidia abriera su corazón y sus oídos a la verdad. Sí, ella estaba buscando, pero aún eso era porque Dios estaba atrayéndola. Estaba escuchando, pero era Dios quien le daba oídos para oír. Tenía un corazón abierto, pero era Dios quien abría su corazón. Lucas expresamente afirma la soberanía de Dios en la salvación de Lidia: «El Señor abrió el corazón de ella para que estuviese atenta a lo que Pablo decía» (16.14).

Mucha gente lucha por aferrarse a esta verdad. Es una idea compleja, pero estoy muy contento por la verdad que encierra. Si no fuera por la soberanía de Dios, tratando de atraer y abrir los corazones de los pecadores para que crean, ninguno sería salvo. Esto es lo mismo que Pablo tiene en mente en Efesios 2, donde después de subrayar la absoluta falta de vida espiritual de los pecadores, dice que la salvación —después de todo— es un regalo de Dios (Efesios 2.8-9).

¿Se da cuenta que incluso la fe es un regalo de Dios para el creyente? No podemos poner la fe al alcance de nuestros propios corazones o atraerla con solo nuestra fuerza de voluntad. Dios es quien abre nuestros corazones para creer. El arrepentimiento es algo que Él concede por gracia (Hechos 11.18; 2 Timoteo 2.25).

Creo que todos los cristianos tenemos alguna comprensión intuitiva de esta verdad. Por eso oramos por la salvación de aquellos que amamos. Si la salvación solo dependiera de nuestro libre albedrío, ¿cuál sería el sentido de orar a Dios respecto de esto? Además sabemos en nuestros corazones que no podemos jactarnos de ser más sabios o más letrados que nuestro prójimo que todavía no cree. Sabemos en nuestros corazones que nuestra salvación es total y completamente la obra de la gracia de Dios y que en ningún caso se debe a nosotros. Todos los creyentes, como Lidia, debemos confesar que fue Dios quien primero nos abrió el corazón para creer.

El lenguaje es significativo. Mucha gente imagina que la doctrina de la soberanía de Dios hace que Él, de algún modo, los obligue a creer contra su voluntad. Algunas veces los teólogos buscan la expresión «gracia irresistible» cuando describen la manera como Dios atrae a los pecadores a su Reino. No imagine ni por un momento que allí hay un tipo de fuerza violenta o intimidación cuando Dios atrae a Cristo. La gracia no empuja a los pecadores contra su voluntad hacia Cristo; los conduce voluntariamente a Él abriendo sus corazones en primer lugar. Los capacita para ver sus pecados como son y los faculta para despreciar lo que anteriormente amaban. También los equipa para ver a Cristo como quien realmente es. Alguien cuyo corazón ha sido abierto de esta manera, inevitablemente encontrará a Cristo irresistible. Ese es, exactamente, el significado de la expresión «gracia irresistible». Así es como Dios atrae a los pecadores a Él. La descripción que Lucas hace de la conversión de Lidia capta esto de manera hermosísima. El Señor sencillamente abrió su corazón para que creyera y ella lo hizo.

La mano soberana de Dios se aprecia en cada aspecto del relato de Lucas, así como las evidencias de que el Señor organizó las circunstancias del viaje de Pablo a Macedonia. Una providencia similar fue la que trajo a Lidia allí, y la condujo a la ribera del río un sábado en la mañana con un corazón que buscaba. Fue el Espíritu de Dios quien soberanamente abrió su corazón, le dio oídos espirituales para oír y le dio ojos espirituales para ver el irresistible llamado de Cristo.

Ella respondió al instante. La soberanía de Dios no deja al pecador aparte del proceso. Lidia oía y ponía atención. Voluntariamente abrazó la verdad del Evangelio y se convirtió en una creyente esa misma mañana. Llegó a tomar parte en el pleno cumplimiento de la promesa dicha tanto antes a Eva. La simiente de la mujer aplastó por ella la cabeza de la serpiente.

CÓMO EL EVANGELIO TRANSFORMÓ LA VIDA DE LIDIA

La fe de Lidia se hizo de inmediato evidente en sus acciones. Casi por accidente, Lucas dice: «Y cuando fue bautizada, y su familia...» (Hechos 16.15) Recuerde, la reunión tenía lugar junto a un río. Al parecer, Lidia, como el eunuco etíope, necesitó un muy pequeño estímulo para dar el primer paso de obediencia a Cristo. Se bautizó de inmediato allí mismo.

Nótese además que la Escritura menciona a su «grupo familiar». Esto podría describir su verdadera familia, pero nada en el contexto indica que estuviera casada. Habría sido muy inusual en esa cultura que una mujer casada, con responsabilidades familiares, estuviera involucrada en un importante negocio de importación y exportación que le exigiría viajar de un continente a otro.

Lidia debe haber sido viuda. Lo más probable es que su grupo familiar incluyera a sus sirvientes. También podría tener hijos ya crecidos. Pero quienes sean los que estaban incluidos, todos vinieron a la fe y se bautizaron junto con ella. Apenas convertida y ya estaba llevando a otros a Cristo. Y la gracia de Dios estaba abriendo sus corazones también.

También estuvo muy presta en ofrecer su hospitalidad a los misioneros. Según Lucas, «les rogó» que fueran sus huéspedes: «Nos rogó diciendo: Si habéis juzgado que yo sea fiel al Señor, entrad en mi casa, y posad» (Hechos 16.15). Lucas agrega (con su característica modestia): «Y nos obligó a quedarnos» (v.15).

La hospitalidad de Lidia con estos extranjeros que habían venido en el nombre del Señor fue admirable. Otra vez, su ansia por hospedarlos nos recuerda que era una mujer de buena situación. Sabemos con certeza que el grupo incluía a Pablo, a Silas, a Timoteo y a Lucas. Con toda probabilidad había otros. Pudo haber sido un equipo numeroso. No es una tarea fácil, aún hoy, hospedar a tanta gente. Como no tenían planes de ir desde allí a otro lugar, (estaban allí, después de todo, para plantar una iglesia), Lidia les ofreció acogerlos en su casa indefinidamente.

Por otra parte, el costo real para Lidia era potencialmente mucho más alto que el valor monetario de una habitación y comida para un grupo misionero. Recuerde que en Filipos fue donde Pablo y Silas recibieron de azotes, fueron arrojados a la cárcel y puestos sus pies en un cepo. Finalmente quedaron libres por un terremoto milagroso, y en el desarrollo de estos acontecimientos, el carcelero y todo su grupo familiar se convirtieron al cristianismo. Por eso, si predicar el Evangelio era considerado un delito digno de la cárcel, Lidia se estaba exponiendo a un serio problema: la pérdida de su negocio, la mala voluntad en la comunidad e incluso una sentencia de prisión por albergar a extranjeros y así darles una base desde donde evangelizar.

Su maravilloso acto de hospitalidad, sin embargo, abrió el camino para que la iglesia penetrara en Europa. Pablo y los misioneros aparentemente permanecieron con Lidia por un largo tiempo. El versículo 18 describe a una mujer poseída por un demonio que los hostilizaba «por *muchos* días» (énfasis añadido), hasta que «desagradando a Pablo, éste se volvió y dijo al espíritu: te mando en el nombre de Jesucristo, que salgas de ella. Y salió en aquella misma hora».

La mujer poseída era una esclava cuyos amos se habían beneficiado económicamente con sus habilidades de adivinación (v.16). Después que el demonio la dejó, no pudo hacer ningún truco que le diera credibilidad como vidente. Su propietario, entonces, promovió una oposición pública que pronto envió a Pablo y Silas a la cárcel.

Después de la conversión del carcelero, cuando Pablo y Silas fueron finalmente liberados, Lucas dice: «Entonces, saliendo de la cárcel, entraron en casa de Lidia, y habiendo visto a los hermanos, los consolaron, y se fueron» (Hechos 16.40).

Eso indica que habían estado en Filipos el tiempo suficiente para fundar una iglesia madre. Aparentemente, cierto número de personas había respondido al Evangelio. Naturalmente, su primer lugar de reunión fue el hogar de Lidia. Por el hecho de abrir su casa al apóstol Pablo, Lidia tuvo el honor de albergar ¡en su propia sala de estar, los primeros cultos de la primera iglesia que se estableció en Europa! Logró ese honor para sí al mostrar tan cálida hospitalidad a este equipo de misioneros a quienes apenas conocía. Ella ejemplifica el tipo de hospitalidad que la Escritura demanda de todos los cristianos.

La hospitalidad de Lidia es tan notable como su fe. Debido a su generosidad con Pablo y su equipo misionero, el Evangelio logró un sólido punto de apoyo en Filipos. Algunos años después, Pablo escribió la epístola que dio a luz el nombre de esa iglesia. Es obvio, por el tono que emplea, que la oposición al Evangelio fue muy fuerte en Filipos. Pero el Evangelio fue más poderoso aún, y desde Filipos el testimonio de Cristo irrumpió en toda Europa. Aún hoy continúa esparciéndose hasta lo último de la tierra.

La recompensa de Lidia en el cielo seguramente será grande. Fue verdaderamente una mujer extraordinaria. Como todas las mujeres de nuestro estudio, todo lo que la hace excepcional fue el resultado de la obra de Dios en su corazón. La Escritura es explícita sobre esto, en especial en el caso de Lidia pero definitivamente cierto en cada mujer que hemos estudiado.

12

Epílogo

Las vidas de las doce mujeres que hemos estudiado son una muestra representativa de todas aquellas a quienes alaba la Escritura. Las doce, junto con las otras piadosas mujeres de las páginas de la Biblia, comparten varias características.

Primero, y lo más destacado, su fe y sus esperanzas, estuvieron absoluta y resueltamente centradas en Cristo. Esa es la verdad singular, neurálgica y dominante que surge del estudio de todas las piadosas mujeres de la Escritura, y confío en que esto haya quedado muy claro a través de la lectura de este libro. Si estas doce mujeres nos enseñan algo, es a centrar nuestras vidas, nuestra fe y nuestra perspectiva del futuro sobre Cristo y en nadie más que en Cristo. Después de todo, en una palabra, esa es la misma respuesta que el Evangelio demanda de nosotros. No solo es el tema central proclamado por las mujeres de la Biblia; es el corazón mismo de todo el mensaje bíblico.

Nótese, además, que las principales lecciones de estas doce vidas son todas sobre el carácter espiritual y las virtudes femeninas. Las mujeres cuyas vidas hemos estado estudiando no son memorables solo por su belleza física, sus habilidades naturales, sus logros personales o la posición que alcanzaron. No se distinguen por ninguna de las típicas razones por las que se otorga celebridad a ciertas mujeres en estos días. La mayoría de ellas no se casaron con ninguna clase de fama o influencia. (¿Se dio cuenta que ninguna de estas doce mujeres extraordinarias es importante solo por con quién estaban casadas? Ellas no derivaron su identidad o su reputación solamente de sus maridos.) La mayoría no obtuvo ningún tipo de celebridad a los ojos del mundo. De las doce que hemos estudiado, ninguna se distingue por una gran carrera, algún logro mundano o algo que pudiera sobresalir a los ojos de un observador cultural. Todas fueron básicamente modestas, en el verdadero sentido del término, «como corresponde a mujeres que profesan piedad» (1 Timoteo 2.10). Francamente, algunas no serían consideradas importantes si no hubieran sido expresamente individualizadas en la Escritura como mujeres de fe.

De modo que volvamos una vez más al tema de su fe. Mantenga esto en mente: la fe fue la raíz y la quintaesencia de todo lo que hicieron estas mujeres extraordinarias. Pero en ningún caso su excelencia se quedó en una fe *improductiva*. El fruto de su fe fue la virtud. El relato de cada una de ellas ilustra, de una manera significativa, una particular cualidad moral o un atributo espiritual que es digno de imitar. Con Eva, fue su perseverancia en fe y expectación, aún después que su mundo se había hecho pedazos por su propio pecado. En el caso de Sara, fue su esperanza inconmovible que perseveró contra obstáculos increíbles. La lección de la vida de Rahab se ve en el ejemplo de su notable conversión, porque nos recuerda cuán dramáticamente la gracia de Dios puede reconstruir una vida devastada por el pecado. Rut fue un ejemplo viviente de devoción, amor, confianza y humildad. Ana ejemplifica la entrega maternal y la importancia de hacer del hogar un lugar donde Dios es honrado por sobre todo lo demás. María, la madre de Jesús, fue un modelo de humilde sumisión. Ana, la del Nuevo Testamento, fue una ilustración acertada de cómo ser un testigo fiel de la gracia y la gloria de Dios. La mujer samaritana personifica una ardiente respuesta al mensaje del Evangelio. Marta y María encarnan las virtudes gemelas de adoración y servicio, impulsadas por una profunda devoción a Cristo. María Magdalena fue un ejemplo viviente de cómo la liberación y el perdón llevan al amor verdadero (Lucas 7.47). Y a Lidia se la recuerda por un corazón que se abrió de par en par para Cristo.

Por supuesto, ninguna de estas mujeres fue perfecta. Sus defectos y caídas también son evidentes y han quedado registradas para amonestarnos (1 Corintios 10.8-11). La Escritura siempre se refiere a los pecados de los santos con sencillo candor y nunca de un modo que excuse o glorifique la maldad. Mientras permanecen allí, como un reproche a nuestro pecado, tales historias también nos confortan con el recuerdo de que, a través de todas las edades, Dios ha usado vasijas imperfectas, «para que la excelencia del poder sea de Dios, y no de nosotros» (2 Corintios 4.7). Después de todo, Cristo vino a buscar lo que se había perdido, no a los justos, sino a los pecadores (Lucas 19.10; Marcos 2.17). Todas estas mujeres reflejan la verdad de esa promesa, y eso ciertamente debería ser un valioso estímulo cuando consideremos nuestros propias flaquezas.

Resumiendo, digamos que todo lo que hizo extraordinarias a estas mujeres, en última instancia, se debe a la obra del glorioso Salvador a quien ellas amaron y sirvieron. Dios fue realmente extraordinario y simplemente estaba conformando a estas mujeres a semejanza de su Salvador (Romanos 8.29).

Extraordinarias como parecen, lo que Dios hizo en sus vidas no es realmente diferente de lo que Él hace en la vida de cada verdadero creyente: «Nadie se engañe a sí mismo; si alguno entre vosotros se cree sabio en este siglo, hágase ignorante, para que llegue a ser sabio» (2 Corintios 3.18).

Que el resultado extraordinario de ese proceso llegue a ser una experiencia diaria en su vida.

NOTAS

1. Tertuliano, *Sobre la indumentaria de las mujeres*, Libro II, Capítulo 11.
2. Ibid, Capítulo 12.
3. Ibid, Capítulo 13.
4. Crisóstomo, *Carta a una joven viuda*, 2.

ACERCA DEL AUTOR

JOHN MACARTHUR es un connotado profesor de Biblia y autor de numerosos éxitos de librería que han tocado millones de vidas. Pastor y maestro de la Iglesia Gracia Comunitaria en Sun Valley, California, presidente de The Master's College and Seminary, es también presidente del ministerio *Gracia a Vosotros*, el ministerio que produce el programa internacional de radio *Gracia a Vosotros* y un presentador de recursos escritos, audio e Internet, todos basados en su popular enseñanza de la Biblia versículo por versículo.

Es además autor de las notas de la Biblia de Estudio MacArthur, distinguida con Medalla de Oro y de la que se han vendido ya más de 500.000 ejemplares. John y su esposa Patricia tienen cuatro hijos (todos casados), que les han dado ya trece nietos.

Para más detalles sobre John MacArthur y todos sus recursos para la enseñanza de la Biblia,
contáctese con *Gracia a Vosotros* en
www.gracia.org